FARIA TUDO OUTRA VEZ

Mãe Marcia Marçal

FARIA TUDO OUTRA VEZ

Prefácio **Djamila Ribeiro**
Posfácio **Mãe Flavia Pinto**

Rio de Janeiro
2021

Copyright © Mãe Marcia Marçal, 2021
Direitos de publicação © Editora Aruanda, 2021

Direitos reservados e protegidos pela lei 9.610/1998.

Todos os direitos desta edição reservados à
Aruanda Livros
um selo da EDITORA ARUANDA EIRELI.

1ª reimpressão, 2021

Coordenação Editorial Aline Martins
Revisão Editora Aruanda
Projeto e diagramação Sem Serifa
Capa Sem Serifa
Foto da capa Marcelo Moreno
Impressão Imo's Editora e Gráfica

Texto de acordo com as normas do Novo Acordo Ortográfico da Língua Portuguesa (Decreto Legislativo nº 54, de 1995)

Equipe editorial do
Ilé Àṣẹ Olúwàiyé Ni Ọya

Bruno Oliveira (iaô) *entrevista*
Carlos Henrique Wolkartt *transcrição*
Elisabeth Miranda (iá otun/ebome) *entrevista*
Leandro Horta (babá egbé/ebome) *produção textual e revisão*
Leila de Oliveira (equede) *entrevista e transcrição*
Marcelo Moreno (iaô) *produção fotográfica e entrevista*
Márcia Salustiano (equede) *pesquisa (acervo pessoal)*
Patricia Crepaldi (equede) *produção editorial*
Renato Maciel (iaô) *entrevista e transcrição*
Sueli Romar (equede) *pesquisa (acervo pessoal)*

Dados Internacionais de Catalogação na Publicação (CIP) de acordo com ISBD
Bibliotecário Odilio Hilario Moreira Junior CRB-8/9949

M313f   Marçal, Mãe Marcia
        Faria tudo outra vez / Mãe Marcia Marçal.
      – Rio de Janeiro, RJ: Aruanda Livros, 2021.
      192 p.: 15,6 cm x 22,8 cm.

      ISBN 978-65-87426-10-5

        1. Religiões africanas. 2. Candomblé.
      3. Autobiografia. 4. Mãe Marcia Marçal
      I. Título.
                           CDD 299.6
2021-1646   CDD 299.6

Índice para catálogo sistemático:
    1. Religiões africanas   299.6
    2. Religiões africanas   299.6

[2021]
IMPRESSO NO BRASIL
https://editoraaruanda.com.br
contato@editoraaruanda.com.br

Dedico esta obra a alguém muito especial em minha vida: aquela que chorou com meu sofrimento, sofreu com minhas lágrimas, aquela que, sem pensar duas vezes, daria a vida por mim. Ela era tudo de mais valioso que tinha na vida. O sofrimento, as lágrimas e até minhas alegrias ela sentiu como eu senti. Com toda a certeza, esta obra é por causa dela, é por ela e é para ela. Hoje, onde quer que esteja, ela sentirá comigo a felicidade de poder registrar em um livro um pouco de minha trajetória. Eu dedico esta obra à minha mãe, Zizerda Anthero Dias, a dona Geni.

FARIA TUDO OUTRA VEZ

Agradecimentos

Em primeiro lugar, agradeço aos meus orixás por terem me tornado a mulher que sou.

À minha mãe por sempre ter acreditado em mim.

Às minhas irmãs, Jussara (Dalia) e Juciara (lmbica), por nunca soltarem a minha mão.

Ao meu filho, Yuri Marçal, por ser um filho de ouro.

E aos meus filhos de santo que tornaram este sonho possível: Leandro Horta, Sueli Romar, Patrícia Crepaldi, Marcelo Moreno, Renato Maciel, Leila de Oliveira e Flavia Pinto. Sem vocês, esta obra não seria possível.

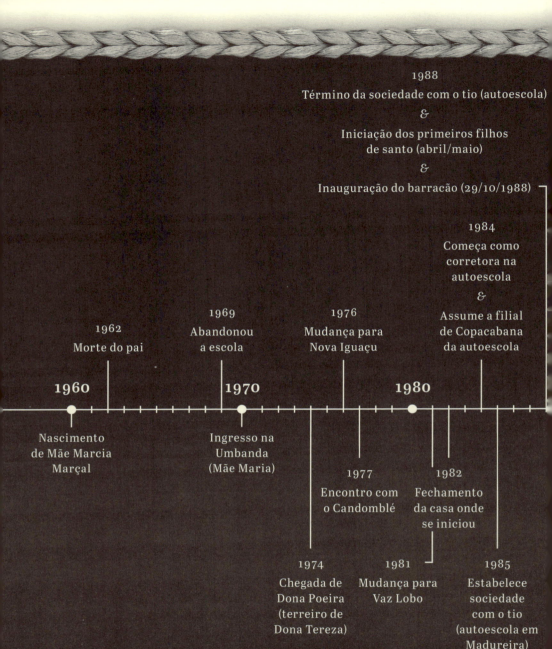

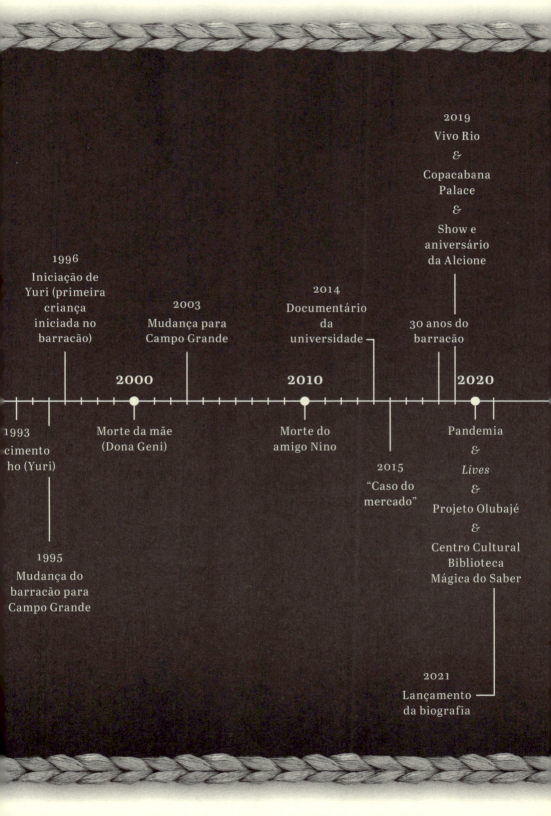

FARIA TUDO OUTRA VEZ

Sumário

Apresentação 13

    Leandro Freitas da Horta

Prefácio 17

    Djamila Ribeiro

1. "Eu tenho mais fé que sangue no corpo" 23

2. Memórias da infância 31

3. Memórias da juventude 55

4. O encontro com o Candomblé 75

5. Nasce uma família: *Ilé Àṣẹ Olúwàiyé Ni Ọya* 91

6. Memórias da maturidade 105

7. Racismo e intolerância religiosa 121

8. Mensagem para o futuro 135

Posfácio 143
    Flavia d'Oyá, iaô

Depoimentos 149

Memória em fotos 177

FARIA TUDO OUTRA VEZ

Apresentação

Leandro Freitas da Horta[1]

Sabe aquelas histórias impactantes, aquelas memórias inesquecíveis, repletas de ensinamentos, curiosidades e muita riqueza de detalhes? Foram elas que nortearam a autobiografia de Mãe Marcia Marçal. Por isso, precisávamos registrar, por meio da escrita, a história desta mulher guerreira, uma mãe de santo que venceu as dificuldades da vida e que hoje cumpre o seu papel como sacerdotisa, ajudando quem precisa, principalmente, por amor aos orixás.

Há aqueles que preferem a literatura inventada, cheia de emoções, com enredos deslumbrantes e personagens incríveis; e há aqueles que, como eu, preferem as escrituras da vida, os ensinamentos que são transferidos na prática, por meio da palavra e da experiência. Foi assim que, inconscientemente, esta obra foi se construindo até que, de fato, se tornou possível.

---

[1] Filho de santo e ebome do terreiro. Iniciado há dez anos por Mãe Marcia Marçal. É mestre em Linguística e doutorando em Estudos de Linguagem pela Universidade Federal Fluminense (UFF/FAPERJ).

Eu, acadêmico das Letras, apaixonado pela linguagem e filho de santo do terreiro de Mãe Marcia, pensei alto e propus a ela que escrevesse um livro contando a sua história. A princípio, era apenas uma ideia, mas, com a aproximação de outros irmãos, a aspiração foi tomando corpo e todos nós fomos contagiados pelo mesmo desejo: registrar a história de nossa iá em livro. A partir de então, começamos a entender que cada episódio, que cada momento da vida de Mãe Marcia era importante para os fiéis de nossa religião — aqueles que, como nós, creem em orixá e que despertaram a fé a partir dos ensinamentos que ela compartilha, escolhida por nossos deuses sagrados.

"Querem que eu conte minha história num livro. Sempre me pedem isso, mas eu não sou escritora, eu sou ialorixá. Como é que eu vou escrever um livro?". Jamais deixaríamos nossa iá com essa dúvida. Por isso, decidimos colocar este projeto em prática.

Depois de uma conversa informal no barracão, insistentemente retomávamos a ideia: "A senhora precisa escrever um livro contando a sua história!". E assim surgiu a nossa "equipe editorial", formada exclusivamente por filhos de Mãe Marcia, que deu início à produção desta autobiografia. Nosso desejo era: o leitor precisa "ouvi-la" falar.

Assim, após muitas reuniões, estruturamos o trabalho em várias etapas, tais como: organização e revisão de textos, seleção e editoração de fotos. Trabalhamos por pouco mais de um ano para que esta obra ficasse pronta. A cada dia de trabalho, uma emoção diferente, uma nova história, uma mensagem que falava diretamente ao coração. Ficou claro, desde o princípio, que aquele não era um trabalho comum: estávamos diante da história de nossa mãe espiritual, e um pedacinho de cada um de nós também fazia parte daquelas páginas, pois era a nossa própria ancestralidade que estava sendo contada.

Foram muitos dias de entrevistas com Mãe Marcia. Tivemos de nos mobilizar e formar um grupo para transcrever os depoimentos. Desde o início, nossa preocupação era representar, na íntegra, a fala de nossa mãe. Não nos preocupamos em fazer profundas correções gramaticais no texto, pois queríamos trazer a verdade da sua fala para a escrita. A sabedoria de nossa mãe está em sua oralidade, que pouco foi modificada neste livro, transportando-nos, muitas vezes, para os dias de função na roça de santo. Trabalhamos minuciosamente todas as falas, a fim de deixá-las fluir pela narrativa, transparecendo as experiências de vida e as relações afetuosas de nossa iá com as pessoas especiais que passaram pela vida dela.

Esta não é uma biografia escrita apenas para imortalizar uma pessoa, é um texto construído para inspirar vidas, alimentar a fé e ressignificar a filosofia do Candomblé a partir das experiências, práticas e vivências de uma sacerdotisa.

Prepare-se para conhecer a trajetória de uma mulher preta, da periferia, matriarca e zeladora de santo. Sigamos com esta história, resistindo como nossos antepassados durante a diáspora brasileira, sempre na trilha da humanidade. Separe os lenços de papel, pois vai precisar.

Boa leitura!

FARIA TUDO OUTRA VEZ

Prefácio

Djamila Ribeiro[1]

A bênção, Mãe Marcia

A bênção, minhas mais velhas, meus mais velhos e meus mais jovens. À família do *Ilé Àṣẹ Olúwàiyé Ni Ọya*.

Receber o convite de Mãe Márcia de Obaluaê para produzir esse prefácio foi uma honra. Recebi o original e fui lendo, absorvendo toda a sabedoria que transborda de cada linha. Sua história, vocês verão neste livro, vem de muito tempo, e na sua narrativa encontramos lições de vida e disposição para a nossa caminhada. A cada página, aprendemos muito. Para quem a conhece, sobretudo para seus filhos e filhas de santo, festejados e cuidados, ler Mãe Márcia é visitá-la, é ter o privilégio e a honra de se sentar à sua companhia. O poder da boa palavra é tão forte

---

[1] Mestre em Filosofia Política pela Universidade Federal de São Paulo, escritora e ebomi de Oxóssi do *Ilê Obá Ketu Axé Omi Nlá*. É autora dos livros *O que é lugar de fala?* (Letramento, 2017), *Quem tem medo do feminismo negro?* (Companhia das Letras, 2018), *Pequeno manual antirracista* (Companhia das Letras, 2019) e *Lugar de Fala* (Jandaíra, 2019), além de ter participado de diversas obras.

que a cada vez que a ouvimos e lemos, mesmo conhecendo a história, é possível aprender algo novo, receber um recado fundamental. Assim é com os itan, as histórias de nossos ancestrais divinizados, assim é com a história de nossos mais velhos e mais velhas.

Para quem ainda não a conhece, a leitura será intensa, assim como serão os aprendizados. Deparamo-nos com a sabedoria de uma mulher preta mais velha, de uma generosidade incrível em rememorar o seu passado para nossos olhos e ouvidos do presente. Ao nos encontrarmos com a filha dileta do orixá rei, o lindo e poderoso senhor da terra, que afasta de nós todas as doenças, nos reencontramos com nossas vidas. Alimentamos a nossa linhagem ancestral.

Comigo foi assim. Conheci Mãe Márcia recentemente e nela vi um pouco de minha mãe, de minhas tias, de minha avó. As famílias pretas matriarcais, como são a grande maioria, sabem o tamanho do desafio que tiveram de enfrentar para que pudessem chegar aonde chegaram. Com fé no orixá, recebemos a força vital necessária para trilhar essa caminhada. Mãe Márcia, com fé em seu pai Obaluaê, na pombagira Poeira e em todos os orixás, teve muito a companhia que precisava em sua jornada.

Na trajetória narrada por Mãe Márcia e transcrita e editada por seus devotos filhos e filhas, vocês terão acesso a uma trajetória de muita dificuldade, de carências materiais e de obrigações adultas precoces. Veremos, nas próximas páginas, pessoas que são agentes a serviço do sistema colonial, que buscam manter a mulher preta no lugar de subalternidade e fome. Pintar essas memórias e exibi-las para o nosso conhecimento é fundamental para que tenhamos um alerta e saibamos reconhecer a atualização de um sistema que desumaniza pessoas negras.

Porém, por outro lado, veremos, sobretudo, um caminho de proteção dos orixás. Um caminho de cantiga que traz a resposta para a fome, seja em notas de dinheiro encontradas no chão que permitem um dia de mercado, seja cavando muita terra para vender. Terminei a leitura de Mãe Márcia com duas palavras muito fortes em minha mente: determinação e fé.

Meu ori é de meu pai Oxóssi, a quem agradeço por cruzar meu caminho com o de Mãe Márcia. Lendo seu livro, percebi que a caminhada da ialorixá junto ao orixá caçador teve em seu amigo Nino um ponto de parceria e troca. Mas não só Nino está no livro, pelo contrário. Na grande aventura que tem sido a vida da ialorixá desde a infância, seremos apresentados a outras pessoas. Conheceremos o Tio Bigode, sua amiga de infância, Ti, Mãe Maria, sacerdotisa de Umbanda responsável pelo barracão onde brincava, entre muitas outras pessoas que são imortalizadas nestas páginas em meio a ensinamentos que nos mostram a força do axé como algo produzido coletivamente e nos mostram como a bênção dos orixás é algo poderoso.

Veremos, neste livro, o amor que Mãe Marcia tinha por sua mãe, dona Geni. Agarrando-se nesse amor transcendental pela mãe, encontrou forças para ir à luta pelo pão de cada dia, à luta pelo sonho de uma casa onde ela e a mãe amada pudessem habitar com o conforto e a dignidade que foram tirados de nós pelo sistema racista — um sistema que visa tirar tudo da mulher preta —, mas nós sobrevivemos e com muita dignidade provemos nossos filhos com aquilo que nós e nossas mães não pudemos usufruir na infância. Navegaremos na leitura pelo amor de Mãe Márcia por seu filho Yuri, que tem brilhado nos palcos fazendo comédia e honrando sua mãe.

Não me espantaria ver as histórias de Mãe Márcia retratadas em um grande filme. Aliás, prevejo uma intensa disputa entre produtoras para saber quem trará essa trajetória incrível para o audiovisual, pois uma coisa é certa: a história da ialorixá, filha de Omulu, que se levantou contra a intolerância religiosa em um mercado na Zona Oeste do Rio, honrando sua família de santo e seu barracão que tanto ama, como também honrando todo o povo de terreiro, será conhecida nos quatros cantos deste país e em diversas partes do mundo.

Nos caminhos de Obaluaê, seguimos com muita fé.

Axé!

Abril de 2021

Faria tudo outra vez

Seu Joaquim, pai de Mãe Marcia Marçal
Foto: acervo pessoal

Dona Geni, mãe de Mãe Marcia Marçal
Foto: acervo pessoal

Mãe Marcia Marçal no *Ilé Àṣẹ Olúwàiyé Ni Ọya*
Foto: Marcelo Moreno

FARIA TUDO OUTRA VEZ

1

"Eu tenho mais fé que sangue no corpo"

Minha vida atualmente? Que bom que tomei a melhor decisão! Muitos de vocês me perguntariam qual seria essa decisão, e eu prontamente responderia: "Falar sobre a minha vida!".

Não sei bem explicar. Na verdade, só sei sentir, porque, às vezes, me faltam as palavras. Mesmo assim, a mim foi dada uma missão; então, vou tentar explicar: hoje, a minha vida é mágica! É mágica, sim! É exatamente isso: se você soubesse como foi a minha vida, tudo pelo o que passei com a minha mãe bebendo, catando xepa, cantando lixo, catando roupa... prefiro nem comentar. Eu não tinha roupa! Não sei em que momento as coisas começaram a mudar. Não sei, mas tenho uma ideia do que pode ter acontecido, tenho um pouco de noção: foi Obaluaê! E os orixás como um todo.

Essa missão de falar sobre a minha vida é tão difícil! Eles escreveram tudo, direitinho, lá trás, para que quando eu chegasse aqui, exatamente neste momento, eu pudesse ser quem sou, pudesse ter a minha vida como ela é agora. Hoje, estou muito feliz e muito realizada em todos os campos da vida. Eu, de fato, sou uma mulher realizada, mas confesso que não foi fácil, muito menos esperado. Estão acontecendo coisas inacreditáveis em minha vida. Estou realizando meus sonhos em relação à minha casa de Candomblé. Nunca imaginei que seria responsável pela vida das pessoas e que teria, um dia, uma casa para chamar de "meu lugar sagrado".

Pude ver a melhoria da minha casa e construir um espaço para o estudo das crianças. Sempre desejei estudar, mas a vida não permitiu que eu tivesse essa dádiva. Mas hoje eu me realizo. Sim, construí uma biblioteca, o que eu sempre quis. Não é uma BIBLIOTECA, mas é um espaço para as crianças estudarem e terem livros à vontade para ler.

Estou conseguindo aquilo que sempre desejei na vida. Tenho até certo medo do que está acontecendo, essa mágica com tanta precisão, tanta certeza, tanta veracidade. Tenho até medo, mas acho que os deuses têm pressa de me ajudar. Creio que eles querem realizar os meus desejos; que não são só meus, pois os que almejo para minha casa de Candomblé não são apenas para mim. Disso eu tenho convicção. Em minha trajetória de vida, nunca pensei em juntar dinheiro para, um dia, ter uma casa de praia. Isso era muito distante das minhas possibilidades. Ou em juntar dinheiro para comprar um carrão zero ou viajar para fora do Brasil. Não! Nunca pensei nisso. Sempre pensei em melhorar o lugar do Sagrado; sempre pensei em aumentar minha casa. Sempre desejei fazer algo voltado para o meu Candomblé. E é daqui que falo, com muita propriedade e um sentimento de pertencimento: "Isso aqui é a minha vida!".

Neste momento, não seria difícil responder que a minha vida está perfeita, porque eu vivo dentro deste lugar onde o orixá ama estar. Escrevi em minha página na internet que Obaluaê e Xangô resolveram abençoar a minha vida e a do meu filho. Escrevi para o meu filho — pode acreditar — que, se eles resolveram abençoar, ninguém jamais vai amaldiçoar. O que Obaluaê abençoa, o inimigo não amaldiçoa! É o que está acontecendo comigo e com a vida do meu filho, porque eu sou por ele e ele é por mim. O melhor disso tudo é que cada um tem o seu destino, o seu caminho e a sua missão. Os orixás estão sempre conosco. A gente sempre vai se encontrar mais à frente. Somos movimento e buscamos a mesma felicidade. Não estamos um ao lado do outro o tempo todo, mas a gente vai se encontrando — como sempre acreditei — numa realização minha,

Candomblé no *Ilé Àṣẹ Olúwàiyé Ni Ọya*
Foto: acervo pessoal

numa realização dele... Isso tudo é o meu Deus e o Deus dele, e os dois deuses, juntos, cuidando para que isso aconteça.

Acho que é porque eu sofri, sofri como muita gente sofreu, e ainda sofre, no mundo. Eu passei por apertos e pelas dores da vida. Passei, mas sempre tive um bom coração voltado para as pessoas. Sempre procurei ajudar, sempre procurei ser leal com as pessoas. Sempre busquei cuidar de mim e cuidar de todos. Nunca quis prejudicar ninguém, nunca quis derrubar ninguém. Eu vejo a minha vida como um prêmio. É um prêmio que, para uma mulher que sempre foi pobre, chega a ser divertido, até bizarro, porque eu fiz tudo certo. No meu pensamento, os orixás me dizem: "Já que você fez tudo certo, você merece esse prêmio". A realização dos meus desejos, a melhoria da minha casa de santo, era tudo o que eu mais queria. Penso que, hoje, esse é o prêmio que recebo: ser quem eu sou, com a minha história, com a minha luta. Nesse momento, é assim que vejo a minha vida. Para ser mais precisa, com uma palavra, eu a definiria como "FELICIDADE".

Estou feliz com a minha vida, estou feliz com o que acontece à minha volta, estou feliz comigo, estou feliz com a minha casa de Candomblé, apesar de tudo o que aconteceu. Tudo aconteceu tão lá trás... já passou, há cinquenta anos. Como o próprio nome já diz, "passado", não é? Passou!

Mãe Marcia Marçal com as crianças de Campo Grande
Foto: acervo pessoal

Agora é o presente. Quanto ao futuro, espero que seja tão tranquilo, tão bom ou ainda melhor do que está sendo hoje. O meu desejo é que eu possa, cada vez mais, olhar, cuidar e zelar pela minha casa.

Muitos me questionam o porquê de eu falar tanto sobre o Candomblé em entrevistas e conversas. Uma resposta certa é que a minha verdade é essa. É isso o que eu desejo em minha vida: eu quero ter vida, saúde e força. Eu quero que Obaluaê, o grande senhor, me dê o discernimento, a sabedoria, que sempre me deu ao longo da minha vida inteira. Eu passei por muita coisa, mas sempre tive muita resignação; nunca blasfemei nem coloquei meu santo à prova. Eu nunca disse algo duvidando, porque eu sempre soube que ele estava vendo tudo. Se ele está vendo, eu não preciso ser desobediente, porque tudo chega na hora certa, tudo tem o seu tempo e a sua hora. Hoje, eu falo isso com mais propriedade do que antes: tudo tem o seu tempo e a sua hora, basta esperar, e eu sempre soube esperar.

Embora eu não estivesse buscando, eu estava vivendo e fazendo a minha parte. Eu sabia que se em algum lugar existisse alguma coisa que me pertencesse, ela chegaria até mim. Até hoje, se algo me pertence — não importa quando —, vai chegar às minhas mãos. Sempre soube disso! Nunca tive dúvidas. O que é meu não será de ninguém; vai ser sempre meu. E o que é dos outros também não vai chegar a mim, porque eu também não quero — pertence a outro, não a mim. Cada um recebe o seu: bom ou ruim. Se for meu, ah, é meu!

Também me perguntam o que significa ser uma ialorixá. Fizeram essa pergunta em 2016. Foi o Jaçanã, quando fez uma entrevista para o *Falando de Axé.*[1] Ele me perguntou o que, para mim, era ser ialorixá e se era "pesado" ter esse título. Eu respondi que não. Ser ialorixá, para mim, não é pesado; para mim, é até leve. Eu acho que é uma dádiva, e não me vejo sendo outra pessoa. Eu tenho 61 anos de idade e 32 anos como sacerdotisa. Quer dizer: eu tenho mais tempo de idade como ialorixá. Prefiro ser ialorixá, porque, até meus 28 anos, minha vida era normal, com vontades, desejos, querendo isso e aquilo... não sei explicar bem. Hoje, não. Hoje, eu já me

---

[1] Programa de entrevistas do Grupo de Estudos Braulio Goffmam sobre as religiões de matrizes africanas no YouTube. Disponível em: https://youtu.be/5MoaUDC2hQ4. Acesso em: 16 abr. 2021.

encontrei à beça, porque ser ialorixá preenche todos os campos da minha vida. Preenche toda a minha vida, mas com satisfação, porque não costumo olhar para o lado negativo. Eu sempre olho para a vida com bons olhos, e se alguma coisa me machuca, prefiro não ver. Não finjo, só não dou confiança. Prefiro ser feliz! Eu tenho Obaluaê e sempre sou feliz! Ser ialorixá, para mim, é felicidade — só isso —, é ser feliz, é ter todo o coração voltado para a minha missão como zeladora de santo.

Quando me perguntam algo no campo espiritual, a resposta é sempre "força". Porque eu tenho a força em mim e ela vem dele — tenho certeza. Todas as minhas lutas, todas as minhas vitórias, todas as minhas determinações — como queiram — vêm dele! Eu não seria tão forte se não fosse filha dele, e tenho certeza disso. Não que as outras pessoas, dos outros orixás, não sejam, mas eu estou falando dele, de OBALUAÊ, de OMOLU, de meu PAI. Ele é a minha fortaleza, o meu porto seguro.

Mãe Marcia Marçal em festa de Candomblé
Foto: acervo pessoal

Quanto ao que ele significa para mim no campo pessoal, significa "glória". Eu sou quem sou por causa dele! Então, seja no campo espiritual, seja no pessoal, ser filha dele é o que me mantém de pé.

Ah, gente, falar de fé? É só o que eu sei falar, não é mesmo?! Não sei falar de outra coisa. Um bom exemplo são meus vídeos, que faço justamente para isso, para ensinar as pessoas a terem fé. Eu sinto que preciso motivar as pessoas, e muita gente precisa de apenas uma palavra para ter sucesso na vida. Já vi casos de pessoas prestes a cometer uma loucura, mas por causa de uma palavra de fé, aquela pessoa teve um livramento.

Em uma entrevista, fui questionada sobre isso. Falei que, se eu pudesse, eu sairia pelo mundo ensinando as pessoas a ter fé. Mas, infelizmente, fé não se ensina, porque ela vem do coração. E isso é fato! A fé vem do coração e se existe uma coisa que eu tenho demais na vida é fé. Eu tenho. A fé transborda pelos meus poros; a fé está no meu sangue. Eu tenho mais fé que sangue no corpo, vocês acreditam?! Porque eu vivo de fé, vivo de acreditar, eu vivo na esperança, eu vivo de esperança. A fé que eu tenho nos orixás vai além da minha imaginação — de verdade. Porque eles existem, eles são de verdade, e basta a gente querer que vai sentir a presença do orixá. Antes de ter fé nos orixás, quando criança, eu tinha fé em Santa Bárbara. Veja só: eu tinha muita fé em Santa Bárbara e depois veio meu amor, minha paixão, por Iansã. É que naquela época, na Umbanda, a gente aprendia que Iansã era Santa Bárbara. Isso foi tão importante para mim! E depois me descobri com muita fé em Xangô, também na minha infância. Descobri que eu me alimentava de fé e que eu estava crescendo me alimentando dessa fé. Hoje, sou totalmente alimentada pela fé. Fé é amor, é entrega, é esperar nada de ninguém nem nada em troca.

Confesso a vocês: só quero cuidar de orixá; só quero viver para orixá; só quero viver para a minha fé, e isso me basta.

Faria tudo outra vez

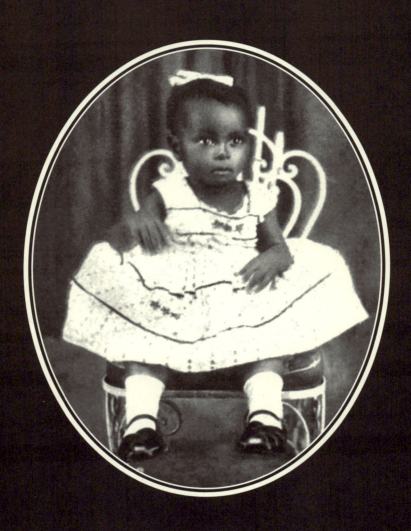

Mãe Marcia Marçal aos dois anos
Foto: acervo pessoal

FARIA TUDO OUTRA VEZ

2

Memórias da infância

Meu nome é Marcia Marçal. Nasci no dia 16 de abril de 1960 em Colégio — na Estrada do Colégio número 87 —, um bairrozinho da Zona Norte do Rio de Janeiro perto de Irajá e Rocha Miranda.

Minha infância foi muito difícil. Quando tinha apenas dois anos e dois meses de idade, meu pai faleceu e a vida da minha mãe passou a ser muito sofrida. Meus irmãos foram morar com as minhas tias e só eu fiquei — eu e minha mãe. Passamos por muitas coisas tristes... Quando volto no tempo e me lembro de tudo, me sinto vitoriosa. E quanto mais faço isso, mais eu amo orixá.

Eu devia pensar, quando criança, que precisava proteger a minha mãe para não a perder, porque, se eu a perdesse, ficaria largada no mundo, sem ninguém.

Minha mãe lutou! Lutou pela vida, tadinha — digo "tadinha" pelo sofrimento dela. Ela foi casada. Não sei ao certo quando se casou nem quanto tempo ficou casada, porque eu não era nascida. Foi casada e abandonada pelo marido com cinco filhos pequenos. Aconteceu exatamente como nas velhas histórias: o marido saiu para comprar pão e cigarro e não voltou mais. Largou ela com as cinco crianças.

Minha mãe ficou sozinha, passava privações, deixava meus irmãos na casa das minhas tias para poder trabalhar fora lavando roupa; até que ela conheceu o meu pai. Meu pai morava em Inhaúma (RJ), mas tinha um bar perto da gente. Ela foi viver com ele, já que ele era viúvo e, diga-se de passagem, tinha muitos filhos. Eu tenho doze irmãos: cinco por parte de mãe e sete por parte de pai. Aliás, eu *tinha*, porque muitos já se foram.

Minha mãe foi viver com o meu pai, mas a família dele não aceitava, talvez pela sua condição financeira dela. Não sabíamos ao certo. Quando meus pais foram morar juntos, ele levou a minha mãe para morar em uma casa boa — porque a casa era grande, né?! Meu pai tinha casas alugadas e um botequim, isso fazia dele uma pessoa com melhores condições, ou seja, dava para viver bem. Ele mandou buscar os meus irmãos, que viviam com minhas tias, para todo mundo ser criado ali, com ele e a minha mãe, da melhor forma possível. Lá, todo mundo era bem alimentado, bem vestido, todos iam à escola, todo mundo tinha hora para estudo, tinha hora para brincar... Vivíamos bem, como qualquer pessoa de bem e trabalhadora vive.

Tinha comida farta para todo lado — até para vizinhança. Aos sábados e domingos, diziam que a "comidaiada" era farta, pois ele mandava matar porco, galinha, cabrito, e a vizinhança toda comia e bebia. Meu pai era festeiro. Minha mãe morava numa casa enorme quando meu pai era vivo, e a casa era dele mesmo — não era alugada.

Ele tratava meus irmãos como se fossem filhos dele, mas os filhos dele não aceitavam muito bem essa condição. Minha mãe ficou bem, estava casada de novo. Essas são memórias contadas por ela e por meus irmãos, porque, como disse, muita coisa eu não sei, porque ainda não era nascida.

Meu pai morreu em 1962 quando eu tinha dois anos. Meu pai morreu e a primeira coisa que a minha família, ou melhor, os filhos dele fizeram foi tirar tudo da minha mãe. Tiraram tudo! Dividiram a casa e colocaram a minha mãe num quartinho. Não deixaram nada para ela, nem o aluguel de uma das casas que meu pai possuía. Foi terrível, pois a minha mãe sentiu tanto a perda do meu pai quanto a rejeição da família dele.

O armazém que meu pai era dono, e onde ele trabalhava, ficou com a minha irmã mais velha e com o marido dela. Minha mãe, por sua vez, não teve direito a nada. Sozinha, outra vez; mas, dessa vez, com mais uma criança: eu. E, mais uma vez, a minha mãe deixou meus irmãos na casa dos meus tios. Era uma saga engraçada — para não dizer triste —, quando ela achou que as coisas iam caminhar, precisou se acostumar, de novo, com a ausência do meu pai e com a falta de coisas.

Meu pai deixou uma pensão — uma "pensãozinha" — para mim, e minha irmã lutou de todas as formas para me tirar da minha mãe. Vou explicar melhor: eu não sou registrada no nome da minha mãe; sou registrada no nome do meu pai. Minha mãe não tinha direitos sobre mim, e minha irmã fez de um tudo para me tirar da minha mãe. Foi uma confusão! Minha mãe brigou, minha mãe bateu... Eu me lembro de um dia inesquecível: a polícia chegou para me levar, ou melhor, o juizado de menores, acho, mas minha mãe não deixou e bateu na minha irmã. A patrulhinha levou a minha mãe presa e eu saí descalça, gritando no meio da rua, chorando. Os vizinhos tentando me pegar e eu gritando; minha mãe dentro da patrulhinha, pedindo para os vizinhos tomarem conta de mim e eu gritando, querendo tirar minha mãe daquele carro.

Depois da confusão formada, levaram minha mãe presa — não me lembro bem se ela foi solta no mesmo dia. Mas aquela confusão se deu porque a minha mãe me perderia para a minha irmã. A minha mãe não queria me perder, e não era apenas por aquela migalha que meu pai deixou para mim. "Migalha" é maneira de dizer — pelo menos, ele pensou em mim, né? —, mas era tão pouco, tão pequeno para ter briga. Minha mãe não me queria por isso. Minha mãe queria ficar comigo porque ela era minha mãe. Ela não queria perder a filha para uma pessoa que não era nada dela.

Os dias passaram. Começou uma briga na justiça e minha mãe teve de provar que ela era a minha mãe. Ela teve de provar que tinha me parido. Isso chega a ser absurdo! Coitada! Ela correu atrás de pessoas que a viram grávida e foi atrás da parteira — porque eu nasci em casa. Depois de muito custo, minha mãe ganhou a tutela. Ela entrou na justiça como minha tutora, e eu tive a minha mãe como minha tutora até os 18 anos.

Minha irmã não conseguiu me levar para a casa dela. Então, mais uma vez, eu penso que sempre fui apaixonada pela minha mãe, porque ela po-

Faria tudo outra vez

deria ter deixado a minha irmã me levar, e eu não teria sido criada por ela e nem teria recebido o amor que recebi dela. Ela não quis se afastar de mim e, muito menos, eu dela. Ali, penso eu, a vida decidiu fazer um pacto por nós duas — não foi nem eu nem ela, foi a própria vida que fez.

Dali em diante, a gente não se afastou mais, a gente não se separou mais. A cada dia ficávamos mais próximas. Falo com orgulho que dormi na mesma cama que a minha mãe até meus vinte e poucos anos de idade. Sempre juntas! A cada dia eu gostava mais dela; a cada dia eu a queria mais por perto; a cada dia eu queria que ela sofresse menos.

Eu poderia falar da minha infância com tristeza. Às vezes eu me pergunto por que não falo com tristeza. De imediato, penso que a resposta é muito simples: não falo com tristeza porque, hoje, sei que tudo o que vivi foi necessário. Eu fui salva pela fé. Sim, por causa da fé! Quando penso em minha infância, tenho todos os motivos para ser triste — e disso não tenho a menor dúvida. Tenho todos os motivos para ter traumas. Eu tive todos os motivos para desenvolver uma depressão na infância. Porém, hoje, afirmo com toda convicção: EU NÃO TENHO TRAUMAS, EU NÃO SOU TRISTE E NÃO SOFRO DE DEPRESSÃO! Muito pelo contrário, não tenho nada além de lembranças.

Muita gente passa necessidade, passa por privações. Eu não passei por nada disso... eu passei foi FOME mesmo! Com o tempo, entendi que, na vida, a gente tem altos e baixos. Houve momentos que nós tínhamos o dinheiro do pão, mas também houve momentos em que não tínhamos nem o pão para comer. Muitas pessoas vivem dessa forma, não é mesmo? A vida é difícil para todos: ou conseguimos o da carne hoje ou amanhã, certo? Mas, no meu caso, foi diferente: eu não tinha nunca! Lembro bem que a luta para conseguir o básico da alimentação era árdua. Tinha que lutar para conseguir. Eu precisava ir atrás de alguma coisa! A vida não era fácil: íamos para a rua tentar arranjar algo que pudéssemos vender para garantir o pão de cada dia. Isso justifica o estado de pobreza em que vivíamos. Confesso não gostar muito desse termo, "pobreza", mas não conheço uma palavra melhor que descreva o que experimentamos por bastante tempo.

Não tínhamos um banheiro, por exemplo. A gente vivia em um cômodo só — eu e minha mãe. Quando minha mãe ficou sozinha na vida, ela deu um jeito de entregar meus irmãos para viverem com as minhas tias.

Uma das minhas irmãs foi trabalhar fora e só vinha em casa a cada quinze dias, mas trazia um trocado para comprar alguma coisa... não era muito. Ela tentava ajudar da maneira como podia.

Eu saí da escola na terceira série[1] e comecei a trabalhar para conseguir alguma coisa para comer. Comecei catando xepa. Todos os dias, ia para as feiras com esse intuito. Ah, quantas lembranças!

Descobri que as casas de Umbanda compravam bucha. Então, comecei a catar bucha. Eu limpava, lavava, secava e vendia para conseguir alguma coisa. Conseguia o dinheirinho do pão, do arroz, do bofe, do fubá e de 100 g de banha, porque era baratinho. Ah, conseguia também 100 g de café. Às vezes, não conseguia nada, e passava um dia sem comer... e o outro também.

Minha mãe não aguentou e começou a beber. A situação estava muito difícil para ela — não a julgo por isso. Ficar dentro de casa, vendo que não tínhamos nada e, de certa forma, sem saber o que fazer. Fico pensando e sinto que, para ela, a única alternativa, o único escape, era a bebida. Por esse, e por outros motivos óbvios, ela bebia. Bebia, e eu jamais a abandonei.

Ainda assim, eu era uma criança muito alegre, brincava muito, me chamavam de Pique. Mas também brigava com todas as crianças da rua — talvez eu fosse uma garotinha meio revoltada, sabe?! Eu brigava com todo mundo, de verdade. Se alguém passasse no portão e eu cismasse que estava zombando da minha cara, eu gritava e, se precisasse, como criança, sabia muito bem me defender. Eu precisei aprender a me defender. No tempo de escola, também fui rebelde e brigava com todo o mundo. Acho que a minha situação me colocava na defensiva, sabe? Então, eu brigava com todo mundo mesmo, porque todo mundo tinha algo, e eu não tinha nada. Quando pensavam em se desfazer de mim, ah, não dava certo, eu partia para cima!

Eu me lembro de que, certa vez, uma amiga chamou a minha prima para o aniversário dela. Só que, nesse dia, eu estava do outro lado da rua, perto da casa onde morávamos. Ela não me viu, acho, e falou com a minha prima Bethânia: "Vai ter meu aniversário, e eu queria que você fosse, mas não leva a Marcia, porque ela anda muito mal vestida e eu não quero ela na minha festa".

---

[1] De acordo com a denominação atual, seria no quarto ano.

Faria tudo outra vez

Os dias passaram e eu fiquei triste. Não consegui esconder de ninguém que eu não podia ir em um aniversário. O inevitável estava acontecendo: eu estava aceitando o que aquela menina tinha dito. Ela tinha razão: eu não tinha roupa nem calçado. Para completar, eu não gostava de me arrumar nem de pentear os cabelos. Eu, realmente, andava muito mal vestida, parecia uma menina de rua. Eu só não era de rua porque não dormia na rua, mas andava na rua o dia todo, procurando alguma coisa para fazer. Mesmo com todas as dificuldades, sempre fui muito honesta. Nunca roubei nada de ninguém; nunca tirei nada de ninguém; nunca enganei ninguém! Só ia para a rua procurar alguma coisa para comer mesmo. Enquanto eu carregava água, perguntava às pessoas se queriam que eu varresse o quintal delas. Minhas investidas atrás de alimento não paravam. Precisava fazer alguma coisa para ajudar a minha mãe, e por isso ia à rua atrás das coisas.

Lembrei que o lugar onde morávamos não tinha água potável. Precisava andar, assim, uns 500 metros para pegar água no bicão. Eu perguntava se mais alguém queria água e vinha com a lata de 20, a lata de 10 na cabeça. Abastecia a casa das pessoas e recebia 20 centavos, mais ou menos, por cada lata. Algo assim. Esse foi um trabalho que consegui por um tempo.

Voltando à história da festa. Eu sabia que tudo o que aquela menina tinha falado para a minha prima era a mais pura verdade. Eu não tinha roupa para ir à festa de ninguém. Mesmo assim, não fiquei chorando, não vivi triste. Passava! É isso: passava. Eu gostaria de ter, não tive e fui vivendo assim. A gente se acostuma, né?!

Lá em Colégio aparecia um ônibus com uma biblioteca ambulante — não sei se ainda existe por aí. Ele parava e a gente ia lá, dava o documento ou um adulto se responsabilizava pelo livro que a gente pegava. Todo mundo pegava, menos eu, porque minha mãe nunca estava em casa. Às vezes, ela ia lavar as roupas dela, e eu não tinha ninguém para pegar o livro, e ficava na porta do ônibus sentada. Uma colega pegava um livro e eu só observava. Tinha muita vontade de ler! Várias vezes, eu ia para a casa das minhas amigas para ler aquele livrinho.

Eu me lembro de um livro de quando eu estudava, *A mágica do saber*. Era da segunda série, ou alguma coisa assim. Eu precisava estudar aquele livro. Então, eu só queria entrar lá e pegar esse livro, que eu não tinha dinheiro para comprar um igual. Eu só queria entrar lá, mas eu nunca conseguia pegar um livro. Precisava esperar, ir à casa de uma colega e estudar no livrinho dela. Seria muito mais fácil se eu conseguisse esse livro no tal ônibus — era o que eu imaginava.

Também havia um outro livro azul que eu esqueci o nome, mas o que ficou gravado na minha memória foi *A mágica do saber*. Como eu não conseguia pegar esse livro, um dia eu falei: "Vou ter uma biblioteca na minha casa". Sempre falava isso, mas falava por falar, né: "Um dia, ainda vou ter uma biblioteca na minha casa; não vou precisar ficar sentada na porta do ônibus esperando uma coleguinha ir lá pegar um livro para eu estudar". Por isso que, hoje, me veio a ideia da biblioteca, porque muitas crianças querem e não têm acesso. É horrível você querer ler um livro e não poder. Hoje, penso que o mais triste são as crianças que podem, mas não dão valor. Por isso, tenho o desejo de dividir um pouco dessa minha vontade de ler com as crianças pobres que não podem ter um livro, começando pelas crianças da minha casa de santo.

Na minha infância, também disputei comida com os porcos. A parte melhor, eu pegava para a gente se alimentar. Em Colégio, moramos num lugar chamado Sovaco da Cobra — onde hoje é o Ceasa[2] — e, lá, algumas famílias criavam porcos. Eu me lembro muito bem dos chiqueiros... Eles mandavam galões cheios de xepa, de resto de coisas, de restos de alimentos para dentro daqueles lugares. Os cozinheiros pegavam pedaços que não iam servir, como as tripas, misturavam com pedaços de tomate meio estragado, juntavam tudo e faziam aquele "galãozão" de xepa para enviar para os pobres. Lá no morro, quando a gente ficava sabendo da chegada deles, já ia com travessas, bacias plásticas, panela, o que pudesse levar. Quanto maior a travessa, melhor, porque dava para pegar mais coisas.

Eu me jogava dentro daqueles galões e ficava catando tomate, catando maçã, catando carne, catando... Tudo o que mandavam, a gente tirava e colocava nas panelas antes de ir para os porcos, porque era esse o destino da comida: não era para a gente, era para os porcos. Eu fazia isso fre-

---

2   Central Estadual de Abastecimento do Rio de Janeiro. Comercializa produtos de hortifrúti.

Faria tudo outra vez

quentemente. Quando chegava em casa, lavava tudo, porque aquilo era a nossa comida, o nosso alimento.

Também trabalhei muito! Eu não catava só xepa. Na vida, fiz muita coisa, vendi muita coisa. Aprendi a fazer umas florezinhas e andei muito a pé vendendo as flores. Já tive várias profissões: cavei terra para vender, vendi flores, vendi alumínio, catei coisas para vender no ferro-velho, trabalhei na feira, descarreguei caminhão na feira, trabalhei em chácara... aprendi um pouco mais tarde a fazer unha... tive várias profissões... tudo para tentar defender o dinheiro do pão... alguma coisa para a gente se alimentar um pouco melhor.

Trabalhei durante quase toda a minha infância com uma vizinha. A gente saiu de Colégio em 1974, quando eu tinha14 anos. Então, dos 9 aos 14 anos, esse período todo, eu trabalhei para ela. Era uma das únicas maneiras que eu tinha para conseguir um dinheiro certo que desse, pelo menos, para comprar o pão.

Ela tinha um quintal bem grande, com várias casas do lado direito e algumas outras do lado esquerdo do quintal. Lá nos fundos, tinha 8 chiqueiros, mas o fundo dos chiqueiros não era de terra batida, era cimentado, e tinha de ser lavado. Precisava fazer tudo direitinho. Eu varria o quintal e me dedicava ali na limpeza.

Ela também tinha uma barraca e, de manhã, ia me chamar porque não tinha ninguém para fazer e ela sabia que eu precisava e morava ali, do ladinho da casa dela. Aí, ela chegava no meu quintal, no meu portão — ela nem ia lá dentro de onde eu morava —, e começava a me gritar: "Ô, macaca! Macaca, vem lavar meu chiqueiro!".

Eu não me importava. Não tinha ideia de que isso era uma ofensa. Eu ia e varria. Lavava o quintal dela todo, juntava o lixo e depois lavava os chiqueiros. O único detalhe era que não tinha água onde a gente morava, não tinha água potável, e todo mundo tinha de pegar água fora, todo mundo tinha poço no quintal. Eu precisava tirar água do poço, lavar os chiqueiros e lavar os cochos para botar aa lavagem para os porcos comerem. Limpava aquilo tudo! Quando ela voltava, já tinha varrido o quintal e juntado o lixo, aí ela pedia para eu ariar as panelas dela, porque eu ariava panela muito bem. Ela pedia para eu ariar as panelas dela sempre que precisava. Trabalhava o dia inteirinho para ela... No final do dia, ela me dava um cruzeiro. Um cruzeiro dava para comprar três pães.

Ela sabia meu nome, mas, mesmo assim, só me chamava de "macaca". Eu nasci ali, todo mundo me conhecia. O pedaço onde a gente morava era uma rua comprida, uma vizinhança onde todo mundo conhecia todo mundo. Havia a casa dela e, umas casas depois, o quintal onde morava a minha família. Todo mundo se conhecia. Era muita gente que morava ali. Era uma rua bem grande que começava em Colégio e terminava em Irajá, na Estrada do Furão, perto do Cemitério de Irajá. Todo mundo se conhecia!

De certa forma, ela me tratou mal até quando eu já estava adulta. Ainda jovem, comecei a trabalhar com ela na feira, e ela me maltratava, sim. Até os 14 anos, limpei as coisas para ela, porque nós saímos do bairro em 1974, quando eu tinha essa idade. Foi quando eu parei de limpar. Eu fui morar em Senador Camará, mas estava sempre em Colégio porque tinha muitos conhecidos, eu estava sempre por lá, e sempre precisando de dinheiro. Com 15, 16, 17 anos, fazia trabalhos na feira. Ela mandava eu lavar o carro; eu lavava o carro.

Ela conhecia minha família desde sempre — todo mundo sempre se conheceu —, é até madrinha de um dos meus sobrinhos, mas sempre tinha um jeito pejorativo de se dirigir às pessoas. Sabe aquelas pessoas que só trata bem quem tem poder aquisitivo? Ela era desse tipo. Quem não tinha, ela maltratava. Maltratava! Hoje, já é uma senhora, mas era desse tipo.

Ela já veio aqui algumas vezes precisando de ajuda espiritual para o filho e para a vida dela também. Já cuidei da família dela, ela já me deu presentes, camisolas boas, jogos de toalha bons, umas coisas boas. "Ah, a gente é uma família! A gente sempre foi uma família!", ela disse. "Quando estou com um problema, só penso em você, porque a gente é uma família." Hoje, eu não preciso mais de um cruzeiro para comprar pão. Eu posso comprar a padaria. A história mudou.

A maior tristeza que eu tenho dela não é por ela ter me chamado de "macaca" quando eu era criança — porque eu não tinha noção do tamanha da ofensa —, foi por ela saber que eu não tinha roupa. Eu andei descalça uma vida, não tinha calçado, não tinha nada. Meu aniversário estava chegando... devia ser começo de ano, janeiro, talvez, e ela falou

Faria tudo outra vez

comigo assim: "O que você quer? O seu dinheiro ou você quer um vestido?". Eu não tinha roupa, aonde quer que eu fosse, ia com a roupa da escola (uma saia azul marinho e uma blusa branca com um emblema escrito "GEAP").[3] Se eu fosse numa festa, ia com aquela roupa; se fosse num enterro, ia com aquela roupa; quando ia sair, ia com aquela roupa. Eu só tinha aquela roupa! Então, quando ela perguntou se eu queria um vestido, era óbvio que eu preferiria um vestido. Eu trabalhei de graça até o dia do meu aniversário. Eu ia lá, fazia tudo, não ganhava dinheiro, e ainda saía correndo para catar lixo e fazer dinheiro para o pão, o fubá, essas coisas. Foi passando e chegou o dia do meu aniversário para ela me dar o vestido. Estava ansiosa! Já tinha falado para todos os meus amigos que eu ganharia um vestido novo. Ela me deu um vestido de renda azul horrível! Ela reformou, apertou um vestido de uma maneira bruta, um vestido da filha dela, e deu para mim. Quando vi aquela roupa, chorei tanto. Mas não foi de emoção, foi de tristeza mesmo. Que coisa feia! Ela pegou um vestido velho e apertou de uma forma inesquecível. Eu sempre fui muito magra e a filha dela tinha um manequim maior. Ela pegou, apertou o vestido à mão, com aqueles pontos horrorosos, e me deu de presente. Eu chorei muito porque tinha ciência daquilo tudo. Eu sabia que, no fundo, não era de coração; ela se sentiu na obrigação porque eu fazia as coisas para ela. Quer dizer, eu trabalhei meses a fio, sem ganhar um tostão, por conta de um vestido que...

A Mãe Maria lá do centro me viu chorando à beça — ela era muito minha defensora —, perguntou o que havia acontecido e eu contei para ela. Aí, a Mãe Maria falou: "Me dá esse vestido aqui!". Ela era uma costureira de mão cheia, era a costureira do bairro e, também, me dava um dinheiro porque eu ia andando até a Estrada do Colégio levar botão para forrar, para encapar botão. Levava o botão lá não sei onde que encapava botão. Eu ia fazer para ela. Então, eu sempre tive uma relação muito bonita, muito boa com a Mãe Maria. Ela pegou o vestido, abriu o vestido todo, refez e me deu o vestido novo. Aí, passou a ser o vestido novo. Ela refez o vestido todinho para mim.

---

3   Operadora de planos de saúde, fundada em 1945, direcionada a servidores públicos federais.

Mãe Marcia Marçal

Mas eu guardei isso tudo comigo e não deixei barato. Um belo dia, descobri que a vizinha guardava os refrigerantes lá no fundo do armazém. Chamei a Ti, puxamos a cerca de arame e saímos eu e a Ti com uma caixa de guaraná e outra de refrigerante de uva. Bebemos tudo! Tudo quente, porque ninguém tinha geladeira. Depois, deixamos as garrafas emborcadas de cabeça para baixo uns dois dias. Aí, fomos vender para ela. Perguntei:

— A senhora compra dessa garrafa?

— Compro. Olha lá se essas garrafas não são minhas, hein.

— Imagina se eu ia pegar a garrafa da senhora e vender para senhora.

— Até que você não é burra, macaca.

Vendemos as garrafas para ela a dez centavos cada uma. Bebemos o refrigerante e ainda vendemos as garrafas!

Uma vez no apartamento do Yuri, meu filho, a Imbica, minha irmã, também estava lá. A gente estava conversando justamente sobre isso da infância, falando de uma tia minha. Aí, a Flávia, minha sobrinha, falou:

— Ah, a tia Fulana era maravilhosa

— Não era, não — respondi. — Eu tinha uma quizila danada com ela.

— Mas por quê? — perguntou a Flávia.

— Porque as coisas da infância ficam marcadas, Flávia.

Você pode pensar assim: "Marcia, você não esquece?". Não, porque as coisas que fazem quando a gente é criança, é difícil de esquecer.

Eu me lembro que eu cheguei na casa da minha tia, ex-mulher de um tio meu. A casa dela tinha de um tudo. Graças a Deus, era muito farta e muito bonita. Para mim, aquela era a casa mais bonita do MUNDO. Eu nunca tinha entrado numa casa arrumada, bonita; então, a casa da minha tia era a melhor casa do mundo. A casa da tia, a sala da tia, era um sonho. Tinha aqueles abajures cheios de penduricalhos, e eu ficava vendo aquela coisa cheia de lâmpadas, ficava namorando a televisão, o jogo de sofá da sala, a sala de jantar... uma mesa com 8 cadeirões enormes, com aquelas costas altas... eu sumia dentro daquelas cadeiras. No meio, ficava um caminho de mesa muito bonito e uma fruteira enorme, cheia de maçãs. Eu cheguei lá com a minha mãe e a fruteira estava cheia de maçãs vermelhas. Eu só via maçã na Branca de Neve, na Bela Adormecida — sei lá quem era —, e pedi à minha tia se eu podia comer uma

Faria tudo outra vez

maçã. Na mesma hora, ela deu um grito comigo: "Não! Essa maçã é do seu tio!". De repente, atrás de mim, veio a vizinha do lado. Eu devia ter uns 12 anos. A vizinha era da idade da Imbica, devia ter uns 17 anos. Ela pegou uma maçã e saiu comendo e conversando com ela normalmente. Eu olhei para a maçã, olhei para a vizinha dela e, diante daquilo, pensei: "Por que ela não deixou eu, que sou a sobrinha dela, comer uma maçã e a vizinha dela, sim?". Aí, eu fui para o banheiro e chorei, chorei, chorei.

Na hora de ir embora, perguntei: "Por que a tia não deixou eu comer a maçã?". Minha mãe respondeu: "Deixa pra lá!". Aquilo ficou gravado na minha memória, e eu nunca mais me esqueci dela. Ficou gravado! Ela sabia que a gente não tinha nada para comer em casa, porque a gente almoçava sempre que chegava lá.

Uma vez, eu cheguei e ela mandou eu esperar que depois me daria o almoço. Mandou que eu lavasse a louça antes de me dar a comida. Mas ela estava servindo o almoço e todo mundo estava à mesa, menos eu, que estava lavando a louça. Meu tio, que era cunhado da minha mãe, chamava a gente de "crioula do tio".

— Crioula do tio, tá fazendo o quê?

— Tô lavando a louça, tio — respondi já com cara de fome.

— Não, senta aqui perto do tio. Senta aqui.

— Mas...

— Mas... por que minha sobrinha não vai sentar para almoçar?

— Ô, cunhado!

— Ah, irmã. Primeiro a sobrinha tinha de ser empregada para, depois, o que sobrar, comer?

E ele me botou do lado dele na mesa para comer. Era tudo o que eu queria: comer.

• • •

Fui cavadora de terra. Teve uma época, lá em Colégio, que os caminhões de obra iam lá dentro comprar terra. Não sei o porquê nem para quem compravam, mas como eu sempre tive um olho muito "*business*" — eu gostava muito de fazer negócios e estava sempre com um olho à frente —, ficava sentada no portão vendo aqueles caminhões entrar e decidi ir atrás. Vi as pessoas carregando os caminhões de areia e perguntei que areia era aquela:

— A gente cava e vende.

— Vende?!

Um dia, tive coragem e perguntei para o homem do caminhão:

— Vocês compram essa areia? Essa terra?

— É. Porque é terra de obra, e a gente compra pra casa de material.

— E quanto vocês pagam?

— Vinte mil cruzeiros.

— Pra encher o caminhão?

— É. Um caminhão de terra, a gente paga vinte mil cruzeiros.

— Ah, moço, eu vou cavar!

Ele olhou para minha cara... Eu, franzina, com 11 anos de idade.

— Vou cavar. Vocês podem acreditar.

Chamei logo a minha parceira. Era minha parceirona! A gente fazia muita besteira juntas: quebrava as coisas juntas; corria juntas; saía pelo meio da rua catando juntas. Se a gente via uma plantação de abóboras, entrava para ver e, se tinha alguma, ia para casa com 4, 5 abóboras. Eu e ela estávamos sempre juntas! Eu e a Ti, a Ionete, o apelido dela é Ti. Ela sempre foi minha parceirona e a gente fazia muita besteira juntas em Colégio. Todo mundo conhecia a gente.

Nós cavamos. Se os homens demoravam uma semana cavando, nós demorávamos duas, três, mas cavávamos. Quando nós acabamos de cavar, pedimos a um cara daqueles para ir lá avaliar:

— Tem um caminhão de terra?

— Tem. Tem mais.

Cercamos o caminhão na esquina e ele foi lá buscar a nossa terra. Vinte mil cruzeiros: dez mil para mim e dez mil para ela. Nossa senhora!

Minha mãe deixava, tadinha. Se a gente trabalhava para caramba para ganhar um cruzeiro, com dez... Ganhei dez!

— Vamos cavar mais?

— Vamos!

E cavamos. Aí, a gente tinha um salário certinho, e ficamos um tempo fazendo isso, até descobrir que tinha uma tal de uma carreta. Eu vi passar e falei:

Faria tudo outra vez

43

— E essa aí?

— Essa aí é basculante. Vocês não conseguem, não.

— Quanto que paga essa?

— Cinquenta mil cruzeiros.

Só olhei para a cara da Ti:

— Vamos?

Aí, quem entra no nosso negócio? Aquela vizinha que me chamava de "macaca".

— Vocês estão cavando o que aí?

— A gente tá vendendo terra.

— Não, vocês não podem vender terra. Não é assim, não. Tem que botar aqui. Tem que fazer assim...

Isso era todo dia! Um belo dia, ela cercou o caminhão. Ela mesma já negociou e deu um dinheirinho para mim e um dinheirinho para a Ti. Ela tomou a frente do nosso negócio. Dava cinco para mim e cinco para a Ti. Ela não fazia nada, só ficava: "Bota aqui". Ficou como nossa administradora, pegando o nosso dinheiro, coisa que a gente já fazia antes, sozinhas. Aí, largamos para lá. Deixamos ela sozinha e fomos para outro ponto.

Arrumamos outro ponto, mas aí veio outro e tomou o nosso ponto. Demos um monte de pedrada nele. Meu irmão foi lá, minha mãe foi lá, e fizemos ele devolver o nosso dinheiro. A gente não queria patrão. Não tinha patrão. O cara estava explorando duas meninas! A gente cavava e ele ia lá e "dava mão" de administrador.

Depois, eu fui para a feira vender cigarro. A fornecedora levava dezenas de caminhões de fumo para a chácara. Como eram novos e vinham da fábrica, tinha muito cigarro inteiro. Quem descobriu isso? Eu! Comecei a catar o cigarro todinho e ir lá para o outro lado vender tudo a varejo. Vendia tudo. Nisso, eu já tinha uns 12 anos. Expulsaram a gente do caminhão, mas a gente não podia ficar parada.

• • •

Era muito comum eu colocar dinheiro nos pés do exu na Umbanda que eu ia. Teve um dia que eu fui levar um dinheiro para o Seu Tranca-Rua e vi umas buchas secas penduradas na loja. Fiquei olhando... *aquilo ali é bucha*. Chamei o dono da loja:

— Moço, vocês vendem essa bucha aqui?

— Vende. Você quer comprar?

— Não. Como é que vocês conseguem essa bucha?

— Ué, eles vêm trazer pra gente.

— Se eu trouxer, vocês compram?

— Só se você trouxer muita.

— Se eu trouxer muita, você compra?

— Compro.

Já fui para casa com o negócio preparado. Eu catava bucha o dia inteiro. Tirava a casca da bucha, ia para beira do poço com uma bacia de água, lavava a bucha toda, ficava batendo nela, tirando o caroço — que ela tem muita semente —, e botava centenas, dezenas de bucha secando. Três dia depois, ia lá e vendia, mas já tinha um bocado secando. Comecei a viver do dinheiro da bucha: ia vender bucha nas casas de Umbanda. Sempre dando o dinheiro do Seu Tranca-Rua. Sempre! E a Ti sempre comigo.

• • •

Eu falei numa *live* que o motivo de eu dar cestas básicas é porque Obaluaê mudou a minha vida a ponto de eu poder criar o Projeto Olubajé.[4] Hoje, eu faço tudo aquilo que eu queria que tivessem feito comigo lá atrás, porque eu nunca encontrei quem me desse uma cesta. Eu me vejo muito nas pessoas que vêm buscar a cesta básica. Essas pessoas me fazem lembrar do meu passado. Quando elas estão pegando a cesta aqui — nossa! — me dá uma felicidade por eu estar dando, e me dá uma tristeza porque eu não recebi lá atrás. Por que eu não recebi? Por que eu tive de correr tanto perigo na rua catando lixo? Sabe, se eu tivesse uma cesta básica com arroz, feijão, óleo, açúcar, pó de café, sal, fubá, macarrão... se eu tivesse tudo isso, talvez hoje eu estaria contando outra história, menos sofrida.

---

4   Projeto criado por Mãe Marcia durante a pandemia de 2020. Foram doadas cestas básicas para centenas de famílias da comunidade da Carobinha (RJ). O projeto também oferece cursos livres para a comunidade e possui uma biblioteca em construção.

Faria tudo outra vez

Talvez eu até tivesse estudado. Ah, eu não estudei porque não tinha comida, não estudei porque eu queria ir para a rua catar alguma coisa mesmo. Eu preferia fazer isso, mas, se alguém tivesse me dado, que motivo eu teria para ficar na rua catando lixo se eu já tinha comida? Se já tinha a mesa dentro de casa? Porque meu dinheiro não era para bala, embora eu fosse louca para ter dinheiro e comprar um drops Dulcora e um Polenguinho, mas eram duas coisas, assim, muito distantes da minha realidade. Eram caros. Eram caros demais para a minha realidade. Sabe, eu queria muito ter dinheiro para isso. Então, só correndo atrás, porque ninguém ia levar na minha porta, mas se eu tivesse o arroz, o feijão direitinho, não precisava sair para catar alguma coisa. Eu não comprava feijão e arroz, porque também não dava, só dava, mesmo, para comprar o fubá, a banha — porque na época não era óleo, era banha. Comprava 200 g, 250 g, nunca 1 kg.

Eu só comprei mais comida no dia em que eu achei 50 cruzeiros que um cara deixou cair. Eu achei e fiz compra, mas depois ele voltou para pegar o dinheiro e eu fiquei louca com medo de ter feito algo errado, de chamarem a polícia para mim, mas ele soube que eu tinha usado o dinheiro para comprar comida e não quis o dinheiro de volta. Foi a minha sorte!

. . .

Deixei a escola muito cedo. Saí da escola na 3ª série primária e fui, assim, sempre buscando alguma coisa. Na escola, também não fazia tanta questão de ficar, porque precisava de material, precisava de uniforme, de livro, mas eu nunca tinha. Nem fiz questão de seguir os estudos, infelizmente. Quando parei de estudar, eu era tão criança, tão criança. Talvez, minha mãe não tivesse tido forças para me obrigar a ir para a escola porque, às vezes, ela saía para lavar as roupas dela para fora e achava que eu ia para a escola, mas e eu não ia. Eu tive de me virar sozinha muito cedo. Precisava de mais apoio, mas eram tantos problemas, tantas prioridades, que a escola, infelizmente, ficou em último plano. Tive de aprender a sabedoria do livro sozinha, com a minha vida, com as diversas situações que vivi. Por isso, trago aqui um pouco de tudo que vivenciei, porque acredito que pode vir a alcançar muitas pessoas necessitadas de uma palavra de perseverança e, principalmente, de fé. Quando eu falo sobre a minha vida, esse é o meu maior intuito.

Minha mãe bebia bastante, e eu precisava tomar conta dela. Cuidar da minha mãe era o bem mais precioso que eu tinha. Como estudar assim, tendo tanta responsabilidade? Fui uma criança feliz porque brinquei bastante, me diverti muito, tive uma boa infância. A gente brincava de pique, a gente brincava de roda, a gente saía pela rua jogando bola, brincava de boneca, brincava de macumba, e eu era sempre a mãe de santo. Era muito bom ser criança em Colégio!

Colégio é o lugar de onde eu sinto muita saudade da minha infância. Colégio é grande, e eu rodava aquilo tudo. Talvez eu fosse a criança mais conhecida do bairro — acredito eu —, mas eu queria comer, então eu tinha que ir atrás do que eu queria, né? Eu não me permitia.

Sempre volto ao passado em pensamento, sempre volto àquele lugar, embora com muita tristeza, muitas lágrimas, muita falta, falta de tudo. Eu costumo dizer que eu não era pobre, eu vivia abaixo da linha da pobreza, porque na nossa casa não tinha nada. A gente morava num quarto, eu e minha mãe. Depois, fizeram a cozinha: um quarto e uma cozinha, dois cômodos estranhos com algumas coisas velhas que os vizinhos cediam para gente. Não tinha banheiro, não tinha saneamento, não tinha nada. Não tinha água, não tinha luz. Quando a gente conseguia dinheiro — eu, no caso, né? — para comprar o querosene, acendia o lampião, mas, normalmente, não tinha nem lampião porque não tínhamos o dinheiro do querosene. O pouco que eu conseguia era para o pão e um meio quilo de açúcar cristal — que hoje eu não gosto, diga-se de passagem —, porque o que eu conseguia só dava para isso mesmo, quase nada. Era uma pobreza infinita, era uma coisa muito assustadora, mas uma criança de 10, 11 anos não vê assim, olha o mundo de outra maneira.

Determinada, eu sempre fui desde criança. Então, eu sempre fui atrás do que eu queria — como até hoje eu sou —, eu não me permitia ficar sentada dentro de casa sofrendo e chorando pelo que eu não tinha, eu ia buscar o que eu precisava. Nunca precisei pegar nada de ninguém. Sempre vivi com muita honestidade, lavando quintal para um, lavando

Faria tudo outra vez

Dona Geni
Foto: acervo pessoal

louça para outro, lavando chiqueiro para mais um, e assim eu fui crescendo, fui vivendo.

Na rua onde a gente morava, a segunda casa era o quintal da Mãe Maria, onde era o centro; a quarta casa era da Dona Maria, minha mãe; nos fundos. O centro da Mãe Maria ficava duas casas antes da minha. Eu passava para lá e para cá, e ficava só "namorando". Em dia de sessão, me arrumava cedo porque queria estar na gira. Minha mãe frequentava um centro ali por Cavalcante, Cascadura, por ali, e eu ia lá e ficava assistindo às festas, mas desejando estar lá dentro. Eu queria estar lá dentro, e consegui! Eu era a faz-tudo do centro. Alguém precisava ir na rua, eu QUERIA fazer isso; tinha de encher não sei o quê de água, eu ia encher. Eu queria mostrar para ela que eu também era dali; então, eu fazia as coisas que ninguém tinha me pedido, mas que precisavam ser feitas.

Até que o dia em que ela falou que, se eu quisesse mesmo, ela faria uma roupa para mim. Nossa! Eu cantava tudo, sabia cantar tudo... eu queria mesmo! Eu fiz tudo me insinuando para ser chamada, mesmo. Aí, eu pedi para minha mãe.

— Tu quer ficar na macumba? — perguntou ela.

Eu só não podia ficar na sessão de exu. Minha mãe não deixava, de jeito nenhum, nem minha mãe Maria. Aí, pronto, acabou, mexeu, aguçou a curiosidade. Eu queria saber por que eu não podia participar da gira de exu; queria saber o que tinha na gira de exu que eu não podia ver. Uma vez, minha mãe estava na gira e, quando começou a cantar para exu, ela tapou meu olho. Eu me lembro da minha mãe falando: "Não vai ver, não". Toque de exu e minha mãe com a mão no meu olho. Poxa, eu queria ver exu, gente. Como é isso?

Não podia ver exu, mas a Mãe Maria fez a roupa para mim. Fez uma saia branca de renda com forro rosa, porque na Umbanda usava-se a saia assim, com muito forro. A minha batinha, tão bonitinha. E tinha fio de conta de Oxalá. Estreei, inaugurei, entrei.

Fiquei um nojo! Nem queria que meus colegas falassem comigo. Quando acontecia uma coisa boa, eu ficava insuportável, e nem meus colegas aguentavam comigo — eu não queria falar, não queria assunto, porque eu era dali. Porque ser da macumba era tudo para mim. Hoje, eu descobri que é tudo mesmo.

Faria tudo outra vez

Eu queria estar ali, e eu estava. Na macumba, na gira, Mãe Maria falou para mim assim: "Marcia, você vai tocar o sininho". O pior é que eu só fazia bagunça lá dentro do centro: ficava correndo e pulando para lá e para cá. Quando o santo ia bater-cabeça, eu estava lá na porta. O santo ia bater-cabeça e eu saía correndo, pulando; quando pegava o sininho, o santo já estava até se levantando. Eu ficava pulando para tocar o sino, mas errava o tempo, porque eu me empolgava dançando. Nessa época, eu não incorporava. Na roda, eu ficava muito empolgada para ficar atenta só ao sino. Então, quando o santo ia lá bater-cabeça, eu estava dançando e não via; quando eu via, eu já saía correndo, pulando no meio da macumba, para pegar o sino no congá.

Talvez já fosse um chamado ou coisa da ancestralidade mesmo, do sangue. Meu avô, pai da minha mãe, era do santo. Acho que a minha mãe me levava, porque minha mãe sempre frequentou o centro. Tinha um centro lá em Cavalcante — desse eu tinha medo —, onde meu avô era pai de santo, ou alabê. Eu não sei ao certo porque, quando você procura a história do meu avô no Google, um noticiário diz que ele era pai de santo e outro que ele era alabê. A minha mãe já morreu, mas, há poucos anos, minha tia me falou que o meu avô era do santo. Ela disse que ele era de Xangô. Para mim, ele era peji-gã,[5] mas não sei o que meu avô era.

Certa vez, tive um sonho muito estranho; eu queria desvendar o mistério, mas não tem mais ninguém do passado que se lembre da história. Yuri, meu filho, fez uma pesquisa sobre o meu avô. Ele foi uma pessoa muito importante: foi ativista, fundador da escola de samba Império Serrano, também ajudou na fundação da Portela. Ele foi do Cais do Porto, foi capoeirista. Meu avô: Mano Eloy.

Meu avô nunca ajudou a gente. Ele tinha condições, tinha uma vida boa, tinha casas e apartamentos em Turiaçu, tinha casas na Serrinha, tudo ali em Madureira. Meu avô tinha dinheiro. Ele ainda era ativista, era presidente do sindicato dos estivadores. Imagina?

Minha mãe ia a pé para a casa dele. A gente saía de Colégio, pegava a estrada todinha, chegava em Rocha Miranda, perto da linha do trem, a gente

---

5   No Candomblé, o título de peji-gã é concedido a um dos ogãs (homem responsável pelo toque dos atabaques e rituais sagrados). Em algumas vertentes, é o cargo mais elevado na hierarquia dos ogãs.

dobrava e ia beirando uma fábrica de biscoito muito famosa ali que, inclusive, dá acesso a Vaz Lobo. Íamos a pé, eu e minha mãe, atravessávamos lá para o outro lado da linha, que era Turiaçu, e chegávamos na casa do meu avô. Minha mãe pedia dinheiro para comprar alguma coisa lá para casa:

— Não tem dinheiro não, Geni.

— Não, papai, é porque lá em casa não tem nada.

— Procure fazer alguma coisa, Geni.

— Eu lavo roupa para fora, mas não tenho dinheiro. O senhor não pode me dar o dinheiro da passagem?

— Você não veio a pé? Volta a pé.

Esse homem era o pai da minha mãe. Eu, criança, vendo aquilo... para mim, aquilo não prestou. Ninguém podia maltratar a minha mãe daquele jeito! Tinha isso também: já arrumava logo uma inimiga mirim. Tomei pavor dele. Ele não tinha o direito de falar assim com a filha, porque a minha mãe, até onde eu sei, não fez nada de mal para ele. Só era filha dele, mas uma filha muito pobre, porque os outros filhos e filhas, todos, tinham suas casas, comida boa. Talvez, ele tivesse bronca pela minha mãe ter um montão de filhos: "Não tem condição e quer ter um montão de filho para sustentar?". Pode ser isso. Ele não ajudava, então, éramos eu e a minha mãe.

Minha mãe sempre me protegeu, e sempre sofreu muito. Na verdade, eu não percebia, eu era uma criança e não entendia a dimensão do sofrimento das pessoas. Eu não tinha a dimensão nem do meu sofrimento. Tudo aquilo era um sofrimento, mas eu não via...

Outro dia, estava falando com meu filho e minhas sobrinhas sobre a minha inimizade com o meu irmão Dino, pai da Flávia. A gente se tornou dois inimigos, eu e meu irmão, porque ele foi intolerante demais comigo e me bateu por uma coisa que eu, simplesmente, estava reagindo. A vizinha tinha comprado uma televisão — àquela altura, algumas casas já tinham luz, mas não a minha, né? Poxa, quase ninguém tinha televisão, e as poucas pessoas que tinham, a gente implorava para que deixassem a gente ver a novela. No último capítulo de *Irmãos Coragem*, eu fiz uma saga naquela rua, batendo de porta em porta para que me deixassem assistir à televisão. Em 1970, eu tinha 10 anos. Bati de porta em porta para alguém deixar eu ver o último capítulo de *Irmãos Coragem*. Eu corria e batia:

Faria tudo outra vez

51

— Dona Fulana, deixa eu ver a novela?

— Não, porque...

Não consegui. Eu vi o último capítulo de *Irmãos Coragem* por uma greta na janela da casa dos avós do meu sobrinho Carlos.

Aí a família do Pai Ti — na época, ele era como um irmão, mas com o tempo eu comecei a chamar ele assim — comprou uma televisão. Um belo dia, o Cláudio, meu sobrinho pequeno, foi lá, todo bobinho, assistir desenhos com o Ricardo. Eu cheguei na porta e vi a irmã dele escurraçando e, simplesmente, falando assim com a criança: "Não, não vai ver televisão porque eu arrumei a casa". Pensa em alguém humilhando outra pessoa. Ela estava humilhando uma criança de 1 ano. Ela o pegou pelo braço e falou: "Não quero vocês na minha casa!". Eu cheguei na hora e vi. Não prestou! Eu sempre fui muito atrevida, fui a criança mais atrevida que você possa imaginar. Eu não levava desaforo para casa de ninguém. Era como eu me defendia. Então, quando eu vi aquilo, eu arrasei com ela, xinguei, desacatei...

Meu irmão chegou, me viu xingando, arrasando com a adulta, nem perguntou o que havia acontecido e deu um soco no meu rosto, que logo ficou inchado. Eu tinha 11 anos; o Dino era mais velho, era de 1954, era 6 anos mais velho que eu. Olha, eu fiquei com um ódio! Eu voei em cima dele e a minha mãe chegou. Eu, falando com a minha mãe, tentando explicar e ele: "Ah, ela estava discutindo com a Solange e ainda bateu no Cláudio". Eu dei uma palmada no meu sobrinho de raiva e fui para dentro da Solange. Ele chegou, viu o enredo, não sabia do que se tratava e a errada fui eu. Acabou! Ali, ele acabou para mim. Nunca mais, desde os 11 anos, até ele morrer.

Eu tirei ele da minha vida por conta disso: ele não tinha o direito de inchar o meu rosto daquele jeito sem saber o que havia acontecido. Ele não tinha esse direito. Mesmo assim, eu cuidei da Flávia, filha dele, porque não tinha outro jeito. A Flávia foi dada para mim quando ela tinha 9 meses, mas eu não o deixei chegar perto dela. Não deixei! Tanto que a Flávia nunca teve contato com ele enquanto ele era vivo. Ninguém veio buscá-la. A mãe dela deixou ela comigo e depois perdemos o contato. A Flávia sempre viu a mim, mais ninguém. Ela sempre viu a mim e a minha mãe, óbvio! Mas pai e mãe ela nunca teve; para ela, tanto faz.

Isso tudo por causa da televisão. A gente era muito humilhada. A minha casa era muito visada por conta da pobreza. Eu já tenho uma outra visão dessas coisas: quanto mais pobre, mais você precisa de alguém, mais carinho a gente tem de dar, mais atenção, mais ajuda. Talvez, aquela família esteja precisando de alguma coisa. Não é correto se desfazer de ninguém, humilhar os outros. Contudo, o que a gente recebeu foi isso: humilhação — pessoas aprontando comigo, debochando de mim. Eu me tornei uma menina muito agressiva, ninguém podia falar nada que eu queria brigar. Dos 10 anos em diante, eu sempre ficava na defensiva.

Para mim, o que sempre me manteve de pé, desde criança, foi a minha religião. Mesmo criança, eu gostava de ir ao centro da Mãe Maria; mesmo criança, eu aprendi a amar orixá. Aprendi a amar tudo o que me cercava, amava os santos: Ogum, Xangô, Oxóssi... a gente não falava muito no meu pai, que é Obaluaê, e naquela época eu não sabia que era ele. Na Umbanda, não se falava muito em Obaluaê, mas Iansã, minha mãe, era muito falada, e eu tinha adoração por ela. Eu me apegava muito a esses orixás para me manter de pé, para me manter com esperança. Orixá me dava força para eu superar todas as dificuldades. Eu já tinha consciência disso.

Faria tudo outra vez

Mãe Marcia Marçal e o filho, Yuri
Foto: acervo pessoal

FARIA TUDO OUTRA VEZ

3

Memórias da juventude

Minha vida teve um período bastante complicado, mais ou menos entre as décadas de 1960 e 1970. Até os meus 14 anos, eu vivia naquela loucura de ir às feiras pegar restos de coisas e ficar esperando as fábricas levarem restos de alimentos para que pegássemos. Ainda que muitos desses alimentos fossem destinados aos porcos, a gente conseguia separar uma parte para lavar e comer.

A gente ficou naquele quartinho em Colégio por muito tempo, mas depois veio o serviço social do governo propor que as pessoas se inscrevessem para serem removidas dali. Foi a alegria de todo mundo: ter uma casa melhor, uma condição de vida melhor, uma casa com água. Removeram todo mundo para que montassem um comércio muito grande ali, e nos levaram para a Zona Oeste aqui do Rio. Lembro-me de que uma parte foi para uns apartamentos no Ary Barroso, na Penha; outros foram para uns apartamentos em Padre Miguel e Bangu. Quem tinha uma renda um pouco melhor ia para os apartamentos da Penha, mas muitos foram para umas casas aqui perto, em Senador Camará.

Nós viemos para as casas em Senador Camará. Eram aqueles condomínios de antigamente: uma casinha aqui, outra ali, tudo bem juntinho, as portas coladas umas nas outras. Nessa casa, tínhamos uma sala, um banheiro pequeno — que, para mim, era o mundo, porque eu não tinha nada —, uma cozinha, que só cabia a pia e o fogão, e um quarto. A sala era de meia-parede, e logo já vinha o quarto, mas era uma casa muito bonitinha para a gente que não tinha nada.

Confesso que foi um período bem difícil para mim. Por várias vezes eu já tentei esquecer, mas a história não se apaga assim das nossas memórias. Foi uma época muito marcante, porque eu já entendia das coisas como gente grande, mesmo sendo adolescente, pois a vida me amadureceu muito cedo. Eu desejava ter as coisas direitas: já queria uma roupa, era uma mocinha no meio das amigas, já queria um calçado direitinho, já queria uma casa direitinha. Nesse período, moramos na favela Selva de Pedra, em Senador Camará, e foi um período bem marcante.

Acontece que a minha mãe não gostou dali porque havia uma bandidagem terrível! Era uma mistura de bairros: Acari, Coelho Neto, Colégio. Onde a gente morava, em Colégio, não tinha essas coisas. De tanto insistir, minha mãe conseguiu alugar uma casa baratinha, que meu irmão estava ajudando, em Senador Camará mesmo, mas a Cleia — que foi um anjo na nossa vida, uma amiga — tinha duas casas em Nova Iguaçu[1] e conseguiu convencer a minha mãe a morar lá por um aluguel simbólico. Ela convenceu a mãe dela a deixar a minha mãe ir para lá.

Fomos para Nova Iguaçu, em Juscelino, perto de Mesquita. Era uma casa grande: quarto grandão, uma sala grandona, um varandão, uma cozinha grande, banheiro grande, laje... só não tinha água.

A falecida Cleia era um anjo! Eu não conheci pessoa melhor que ela. Ela queria compensar as maldades da mãe. Eu saía para a feira, ia a pé de Vaz Lobo até Irajá, encontrava com ela, descarregava o caminhão e montava a barraca com ela; de lá, eu subia no caminhão com a Cleia e ia para a Cidade Alta trabalhar com ela. A essas alturas, a Imbica, minha irmã, já estava trabalhando na feira também. Acabava a feira na Cidade

---

1   Outro município do estado do Rio de Janeiro.

Alta, a gente desmontava a barraca, voltava em Irajá, três horas da tarde, desmontava a barraca da mãe dela e ia para casa descarregar o caminhão. Aí, ela ia contar a féria da Cidade Alta e a féria de Irajá para tirar o meu pagamento. Cinco, dez cruzeiros, uma coisa qualquer. Não estava pagando pelo meu serviço. Só estava me dando um trocado, uma ajuda. Aí, a Cleia olhava para mim, olhava para ela e, quando a mãe dela virava as costas, vinha com um bolo de dinheiro e me dava. Ela foi esse anjo na vida da gente. Infelizmente, não está mais viva, morreu há alguns anos, bem nova, porque, se estivesse viva, estaria com 61 anos. Morreu com 55 ou 56 anos. Morreu nova. Infarto fulminante.

Em 1981, minha mãe não conseguia mais pagar o aluguel, mesmo sendo pouco, porque tinha a luz, e minha mãe com as contas era muito certinha — a mais certinha do mundo, tadinha —, e ela só recebia um salariozinho da aposentadoria. Ela ficava sem dinheiro, mas não deixava de pagar as contas. De jeito nenhum!

Por vezes, a gente tinha de ir à casa da minha irmã mais velha, lá no Jardim Redentor,[2] para pedir um dinheiro e comprar alguma coisa para casa. Era bastante complicado para a gente, porque eu já tinha idade para buscar alguma coisa. Lembro bem que comecei a ir pelas portas dos outros, em uns prédios lá no Jabour —prédios interessantes, bonitos, para dizer a verdade. O engraçado é que eu achava bonito, mesmo simples, a casa boa, de gente rica, bem diferente da minha situação e da minha mãe na época. Eu ia naqueles prédios, naquelas casas, pedir emprego, pedir trabalho, pedir para fazer faxina — até consegui algumas faxinas. Limpava, ganhava um dinheiro. Também trabalhei numas fábricas que tinham por lá para conseguir alguma coisa na vida. Eu fiz muita coisa!

Eu vi uma conhecida da minha mãe fazendo flores. Então, eu pedi que ela me ensinasse a fazer aquelas flores artesanais para eu vender e ganhar um dinheiro. Aprendi mesmo! Eu andava tudo: eu andava por Mesquita, na Baixada, de Juscelino até Edson Passos. Nossa, era uma distância enorme! Andava a pé e batia de porta em porta para tentar vender as flores. Eu vendia a unidade e conseguia um trocado.

2 Bairro localizado no município de Belford Roxo (RJ).

Faria tudo outra vez

Certa vez, vi uma amiga, uma conhecida, na verdade, fazendo maçã-do-amor. Pedi para ela me ensinar, e saí, mais uma vez, batendo na casa das pessoas, de porta em porta, vendendo maçã-do-amor. Fui fazendo de tudo, de tudo um pouco. Eu só precisava conseguir dinheiro. Não pensava em ter muito, só pensava que não podia faltar dinheiro dentro de casa para a gente — para mim, minha mãe e meus sobrinhos. Esse era o meu mundo, era o mundo que eu vivia. Eu queria ter as coisas dentro de casa, eu queria ter mobília dentro de casa. A gente não tinha NADA disso. Por isso, fiz tanta coisa na vida, para tentar ter alguma coisa na nossa casa. Eu queria ser normal como as outras pessoas.

• • •

Aos 14 anos, me apaixonei pelo Paulinho. O César, pai do Yuri, eu conheci aos 18, mas o Paulinho foi o primeiro grande amor da minha vida. Esse amor durou até os 18 anos. Era platônico, mas com 17 eu tive um "namorico" com ele. Quando eu estava com 18 anos, ele morreu: caiu do ônibus no Carnaval, em fevereiro de 1978. Fiquei muito mal! A gente jogava futebol... curtimos muito, mas por pouco tempo.

Naquele dia, decidimos que íamos sair com a roupa do time, e o encontro seria na frente da casa de uma amiga, porque havia um largo onde a garotada toda ficava batendo-papo. Eu já vim pronta da casa da Nete. Eu, a Ti, a Luiza, sobrinha dele e a Eliete estávamos paradas e, aí, veio Barbosa, que era muito parceiro, o maior irmão do Paulinho. Eu perguntei:

— Que cara é essa?

Mas ele não falava nada.

— A gente vai para Rocha Miranda. Cadê o pessoal?

— Estão vindo aí. Marcia, peraí, tenho uma notícia não muito boa para você.

— O que aconteceu?

— Paulinho morreu.

Eu caí sentada, perdi as pernas, perdi as forças... eu sofri muito. Dali, eu só entrei para a casa da Nete, tirei a roupa, vesti outra e fui andando. Quando dei por mim, eu estava dentro do cemitério de Irajá. Liguei para a minha prima do orelhão: "Paulinho morreu! Paulinho morreu!", chorando pela morte do Paulinho. Chorando muito: "Eu tô no cemitério". Todo mundo estava me procurando. Não sei o que me fez pensar que o corpo dele estaria lá — foi o desespero, né? Olhei de corpo em corpo, de caixão em caixão, para ver se o Paulinho estava. Estava meio desorientada. Minha prima foi para lá. Ela e a Nete me encontraram e me tiraram do cemitério. Eu fui para a casa dele, na praça de Colégio, para ficar com a Vó, com a família dele. Desesperada! Eu estava muito desesperada. Voltamos e me deixaram na casa da Nete. Dormimos e, no outro dia, antes de eu ir para o enterro, a vizinha foi atrás de mim:

— Macaca, vai lá no bicheiro jogar esse jogo

Todo mundo olhou para ela. O estado em que eu estava, e ela queria que eu fizesse favores para ela? A Cleia falou:

— Mãe, a senhora não está vendo que ela está sofrendo?

— Que sofrendo, nada. Sofrer por quê?

Ela fazia pouco das pessoas. Ela era assim.

Eu lembro que, na década de 1980, eu vivia com um jornal debaixo do braço, batendo de canto em canto, em toda porta, procurando emprego, mas, meu Deus, quem daria emprego para mim? Não tinha estudo nem uma boa apresentação. Além de ser preta, a gente sabe que a luta da mulher preta é muito maior nesta terra. Para uma mulher preta, uma jovem preta, que não tinha estudo nem boa apresentação, o emprego era sempre da outra que procurava e, na maioria das vezes, o emprego era da mulher branca, porque ela tinha estudo, boa apresentação etc. Porém, eu sempre acreditei, mesmo nas situações mais adversas, e sempre tive uma certeza dentro de mim. Tudo quanto era emprego que me ofereciam, eu ia ver, feliz da vida, nunca tive preguiça. Chegava lá para ver, mas, na hora do vamos ver, nada. A resposta era sempre aa mesma, e eu não conseguia nada direito.

Tivemos de sair de Nova Iguaçu porque, como falei, minha mãe não aguentou pagar o aluguel — era simbólico, mas era um aluguel — e resolveu voltar para o lugar onde a gente morou na década de 1960. Era um barraco, no morro do Vaz Lobo, que era do meu tio. A gente foi para lá e, quando eu cheguei e vi o lugar, eu me sentei na porta e comecei a chorar. Era um barraco mesmo! Era um barraco já usado e quebrado; quando vol-

Faria tudo outra vez

tamos, já havia passado, mais ou menos, vinte anos. Era de zinco, aquela coisa antiga mesmo, ninguém morava e estava lá abandonado. Minha mãe pediu à minha tia que deixasse a gente morar lá. Ela deixou e nós fomos.

Uma janela horrível, uma porta que... Nossa Senhora! Era tudo muito velho, e a gente foi morar naquele lugar. Um banheiro horroroso no quintal. Não tinha água lá em cima do morro; precisava pegar água lá embaixo na Rua Manoel Machado, a principal do morro. Misericórdia! Tínhamos de descer o morro para pegar água na rua de baixo. Que fase! Que dificuldade! A vida sempre parava no mesmo lugar. Eu fiquei um pouco revoltada. Triste, na verdade. Não queria mais aquilo para a minha família.

Na porta da cozinha do barraco passava o esgoto que vinha do morro, era esgoto a céu aberto mesmo: uma vala enorme que fazia uma curva e passava na frente da minha sala. Eu tinha uma vergonha enorme de levar alguém em casa por causa daquele esgoto. Imagine só: o banheiro de todo mundo descia na minha porta! Aquilo era horrível, por isso, eu não tinha coragem de convidar ninguém para a minha casa.

Quando os meus amigos de Nova Iguaçu falavam que queriam me visitar, porque eu havia mudado, era o fim para mim. Eu mudava de assunto. Eu me lembro que, na época, eles choraram e a gente ficou muito triste por causa da mudança, mas eu não queria que eles fossem na minha casa para não verem onde eu morava. Mas os dois que não estão mais aqui eram muito amigos. Não teve jeito, esses dois foram mesmo, passavam o final de semana e dormiam na sala daquele barraco comigo. Eles dormiam no chão da sala, não ligavam para isso, queriam mesmo me ver, porque éramos muito amigos. Ah, que saudade!

• • •

Também fiz bastante faxina nesse período. Fazia muitos serviços informais para conseguir dinheiro, porque a gente, sem um diploma, não consegue muita coisa. Então, o período desde o final da década de 1970 até meados de 1980 foi bastante complicado. Não tenho muitas lembranças da época em que morei em Senador Camará, porque foi por pouco tempo, um ou dois anos; a minha vida estava baseada em Colégio, Nova Iguaçu e Vaz Lobo.

Vivi a minha juventude em Vaz lobo. Já era moça, e tudo me dava vergonha, tudo me deixava pelos cantos, tudo me deixava triste. Eu não tinha complexo de inferioridade, mas eu não estava satisfeita com aquilo tudo. Ainda assim, não tenho traumas e não sou revoltada — ao pé da letra — por causa disso. O que me deixa feliz é saber que a vontade de trabalhar sempre existiu, e eu sempre quis trabalhar para sair daquele lugar.

A tristeza tomou muito conta de mim. Isso foi em em setembro de 1983 ou setembro de 1984. Eu falei que não ia morar naquilo ali. Não que eu fosse embora de casa — porque eu não abandonaria a minha mãe por nada nesse mundo. O jeito seria trabalhar igual a uma louca para conseguir dinheiro para o material e fazer uma casa de tijolo. Esse era o meu sonho: uma casa de tijolo, como todo mundo tinha.

Às vezes, não tinha nem o dinheiro da carne. Era sardinha em lata, era apresuntado, era tudo o que havia de mais barato para acompanhar o arroz ou o feijão com farinha... alguma coisa nesse sentido. Mas eu tinha que fazer. Eu consegui, e tenho um orgulho danado por ter conseguido, sozinha, fazer aquela casa de tijolo, sem luxo nenhum. A janela permaneceu a mesma — feia para caramba —, de madeira, porque não tinha como ser outra, mas eu consegui. Acho que a gente trocou uma porta, botou uma porta de grade na frente da porta dos fundos da cozinha — horrível.

Já tive tantas ocupações nesta vida: catei papel, lata, alumínio, vidro e ferro para vender; já cavei terra em Colégio; trabalhei varrendo o quintal da vizinha; lavava os chiqueiros do bairro e da rua... isso tudo como criança. Na década de 1970, trabalhei na feira vendendo verdura; já vendi flor, maçã-do-amor, biscoito... tanta coisa... sempre vendia as coisas. Houve uma época, com vinte e poucos anos, que eu descobri uma fábrica que cedia em consignação — a gente vendia em casa e pagava com 15 dias o que vendia; eu ia até lá e pagava, então, tinha dinheiro.

Eu já fui faxineira também. Fiz muita faxina! Já fui doméstica, porque eu trabalhava como empregada doméstica na casa das pessoas. Já tomei conta de crianças para ganhar um trocado. Já fui "carregadora" de bolsas — eu ia para feira e pedia para carregar as bolsas —, as pessoas me pagavam; era adolescente também. Já trabalhei na praia vendendo: vendia refrigerante, cerveja... e trabalhei na porta de uma escola de samba vendendo

Faria tudo outra vez

cerveja também. Já vendi churrasquinho e essas coisas. Nossa, já tive tantos servicinhos, já fui tanta coisa, meu Deus! Nossa, fui vendedora, vendia roupa, fui sacoleira... fazia de tudo para ganhar dinheiro sem precisar pedir, porque é muito ruim pedir. É muito ruim, é horrível, pedir e depender dos outros. É horrível mesmo! E digo isso com tristeza.

Continuei a batalha com as minhas flores, com as minhas maçãs-do-amor, e fui vendendo. Comecei a trabalhar no Centro da cidade, numa autoescola, vendendo cursos. Não tinha salário, ganhava comissão, mas eu falei para a minha mãe que eu ia fazer a casa de tijolos. Fui ganhando a comissão, trabalhando bastante até que consegui. Sempre fui muito determinada, e eu ia conseguir a minha casinha de tijolo.

Eu andava todo o Centro vendendo os cursos da autoescola. Eu fazia o meu horário. Ao final do dia, quando cheguei para entregar o material, o chefe falou:

— Trabalhou até agora, Marcia Marçal?

— Até agora. Estou cheia de matrícula para fazer.

Aí, eu vi um quadro grandão com um nome e perguntei:

— O que é aquilo, Roberto?

— Aquilo ali é o quadro do funcionário do mês, o que mais vendeu e tal... o que se destacou, ganha um prêmio.

— Ah, legal! Mês que vem eu tô aí.

E fui mesmo. Fui a funcionária do mês do mês seguinte, e não parei mais de vender. Então, falei com a minha mãe:

— Vou comprar tijolo, cimento... vou comprar areia... a gente deixa guardado lá na frente pra eu juntar o dinheiro do pedreiro. Tô juntando o dinheiro do material.

Eu tinha 22 anos. Continuei trabalhando e falei para a minha mãe:

— Vou ser chefe de equipe.

— Vai ser chefe de quadrilha lá no morro — ela disse.

Não foi uma ofensa, porque a gente brincava muito uma com a outra.

— Ah, duvida, né?! Duvida mesmo... com esse cabelo de cotia (o cabelo dela era branco e ela pintava de vermelho)! Duvida mesmo...

Ficava eu e ela, dentro de casa, numa harmonia muito legal.

Gente, eu fui chefe de equipe! O Roberto me chamou:

— Marcia, conversei com a Marieta e a Tereza, e nós vamos te dar o cargo de chefe de equipe.

— O que faz um chefe de equipe e quanto ganha? — perguntei.

— Chefe de equipe é o seguinte: nós vamos dar dez funcionários para você; você vai sair com os seus dez funcionários e eles vão sair fazendo as matrículas deles. A matrícula é 50: 10 é deles, 20 é seu e o restante é da escola. Você vai ganhar 20 em cima de cada matrícula deles.

— Então, já tô interessada.

Vocês não têm noção do que eu fiz! Eu "pintei os canecos" com a minha equipe. Não deixei que eles fizessem o horário; eu que fiz. Fiz com eles o que eu fiz comigo no começo.

— A gente vai pegar todos os dias às 8h da manhã. Quero todo mundo aqui às 8h. Vamos trabalhar das 8h às 17h.

Isso ocorreu no Castelo, no Centro do Rio, aqui na cidade. O tempo passou, eu fui trabalhando e, com o meu esforço, consegui construir a casa da minha mãe. Mas foi com muita determinação! Confesso que não foi fácil.

A casa não estava construída de fato por conta do dinheiro do pedreiro que eu precisava. Fui até o meu tio Bigode e perguntei se ele poderia comprar o material e eu ir pagando aos poucos; porque, com o dinheiro que juntei, eu pagaria o pedreiro. Na mesma hora, ele nem vacilou. Esse tio, quando eu tinha uns 9 anos, foi o que eu mais infernizei a vida. Eu ia lá e perturbava meu tio: quebrava as árvores dele, molhava o quintal — que ele não queria que molhasse — quando ia buscar água. Ele me chamava de "cão", dizia "some daqui!", mas de tanto eu perturbar a vida dele, houve uma união muito forte entre nós. Mesmo eu indo lá só para infernizar, começou um carinho. Eu perturbava meu tio por prazer, e o meu tio corria atrás de mim, queria me bater. Crescemos junto com esse amor, tanto que, quando ele adoeceu, ele só me queria lá. Na questão do material, ele me falou: "Eu compro, minha sobrinha". Eu paguei meu tio, certinho, e paguei o pedreiro para fazer a casa.

Depois, perguntei ao Roberto se ele poderia me dar mais dez corretores.

— Você quer 20, Marcia Marçal? Por quê?

— Porque, com 20 corretores, consigo construir a minha casa mais rápido.

— Olha, tu vai dar conta?

Faria tudo outra vez

— Vou dar conta.

Eu sempre tive instinto de liderança. Ele me deu mais dez corretores.

Como eu já tinha feito todas as ruas do Centro, decidi: "Agora, a gente vai trabalhar a Zona Sul". Eu trabalhei, por exemplo, na Avenida Nossa Senhora de Copacabana com a Prado Junior, e criei uma meta ali: "Nós vamos pegar da Prado Junior até a Praça do Lido do lado direito e vamos entrar em todas as lojas; vamos voltar pelo lado esquerdo, entrando em todas as lojas". E assim a gente fazia. Depois, combinava com a equipe de nos encontrarmos na Cardeal Arco Verde, no horário do almoço. Se alguém se atrasasse, eu já ficava chateada e não escondia deles: "Vamos almoçar e depois vamos pegar a Copacabana descendo, porque nós vamos fazer a Nossa Senhora de Copacabana toda hoje. Amanhã, a gente volta pela Barata Ribeiro". Assim eu fazia. Assim era na Tijuca, em Botafogo, no Leme, no Leblon, em Ipanema.

Meu desenvolvimento foi muito rápido, e eu me interessei em ser a secretária da dona, porque ela estava com uma autoescola em Copacabana e a filha dela, como estava indo para faculdade, não poderia ficar. Eu queria que ela me botasse como secretária. Quem foi que ela chamou para assumir Copacabana? Eu! Ela me propôs um salário de carteira assinada, mas sem as comissões; ou eu ficaria sem a carteira assinada, mas nas horas vagas eu poderia vender e fazer as minhas comissões. Fiquei com a segunda opção. Não precisava assinar a minha carteira, não! Eu estava me dando muito bem, e assim fiquei.

Eu abria a autoescola às 8h em Copacabana. Trabalhava até meio-dia, parava para almoçar, mas eu não almoçava, eu ia fazer cliente. Eu andava pelas lojas de Copacabana, ia no shopping center sozinha, e tinha uma comissão. Um dia, eu achei um arquivo morto da autoescola e perguntei:

— Marieta, e esse pessoal aqui?

— São alunos que desistiram da autoescola. Se você conseguir trazer de volta, você ganha comissão integral. A matrícula é sua.

Você não tem noção do que eu fiz com aquele arquivo morto. Passei a não sair mais na hora do almoço. Levava comida, comia rapidinho e ia ligando para todo mundo. Ficava uma hora ligando para todo mundo. Eu consegui levantar quase 80% daquele arquivo morto. Quando ela chegou:

— Como é que você consegue isso?

— Insistência, Marieta. Trago a pessoa aqui, começo a conversar e mostro para pessoa as vantagens, o porquê de ela precisar de uma carteira de motorista.

Consegui pagar o pedreiro, pagar o material e levantar a casa da minha mãe de tijolos. Fiz a casa da minha mãe como eu sempre sonhei. Tinha acabado aquele negócio de que não conseguiria, de que era difícil ter uma casa de tijolos. Conseguimos fazer a casa. Não era uma casa bonita, mas era uma casa possível, dentro das minhas condições. Meu sonho também era acabar com aquele esgoto a céu aberto que corria na minha porta, mas aquilo não dependia de mim, da gente, dependia do Governo, porque era o esgoto do morro todo que passava ali, nem sabia o que fazer com aquilo. Agora, já mudou, o Governo criou o projeto "Favela Bairro" e resolveu aquilo tudo. Antes, o esgoto passava na porta de casa. Com o meu trabalho, pelo menos, eu consegui fazer uma calçadinha de cimento, mudei as telhas, só não consegui mudar o piso. Eu fiquei de 1981 a 1984 para fazer tudo isso.

O tempo passou, fui conquistando algumas coisas na minha vida. Em 1982, eu fui modelo. Trabalhava na autoescola e tive a oportunidade de entrar no Teatro João Caetano para fazer um curso de teatro. Conheci uma moça que era responsável lá. Nessa época, eu só andava com o cabelo na máquina nº 3, sempre de argolão. Era magérrima. Sempre gostei de salto nº 10, 12, 15. Com esse visual, chamei atenção.

— Você é modelo?

— Nunca fui.

— Já pensou em ser modelo?

— Também nunca pensei.

Encontrei a tal moça na rua. Ela me deu um cartão e pediu que eu a encontrasse num endereço escrito à caneta. Aí, fui lá na agência que a moça me indicou, na Borges de Medeiros. Ela mandou que eu fizesse um teste — foi lá que eu conheci talheres de peixe, carne, copos, aprendi a me comportar, me sentar, andar — e pude fazer o curso de graça. Porém, no final do curso, precisava pagar alguma coisa, não me lembro do valor ao certo, mas eu não tinha. Pedi para todo mundo, mas acho que era

Faria tudo outra vez

muito, porque ninguém tinha. Minhas irmãs não conseguiram juntar o valor. Meu tio Bigode me deu o vestido — muito bonito, meio bege, com umas florezinhas e uns detalhes —, mas o tal dinheiro ninguém podia dar, e eu perdi. Aí, parei. Não tenho foto dessa época, perdi muita coisa.

Cada oportunidade que aparecia na minha vida, eu pegava, eu agarrava com unhas e dentes. Minha mãe sempre apostava, sempre achando que aquela seria a oportunidade da minha vida. Eu também dava tudo de mim, porque achava que seria a oportunidade da minha vida. Só que, na verdade, descobria que não era aquilo.

Em 1984, eu sabia tudo sobre autoescola, porque a dona já pedia para eu ir para a área de exame, para marcar o exame dos alunos, já pedia tudo. Eu sabia tudo de autoescola e falei para a minha mãe: "Vou abrir uma autoescola".

Fui conversar com o meu tio Bigode, expliquei como era o negócio de autoescola, as vantagens.

— Eu estou disposta a abrir, mas preciso de alguém que entre com o capital — disse para ele.

— Capital para quê?

— A gente precisa de capital para comprar um carro, tem que alugar uma sala, ir atrás de um registro no Detran... Tudo isso o senhor pode deixar comigo, mas se o senhor falar que entra com o dinheiro.

Ele topou! Eu agitei uma autoescola que já estava falida no Detran — o dono já havia dado baixa, só tinha o DH e o nome, mas não pertencia a ninguém. Levantei essa no Detran e peguei para mim.

Aí, fui fazer uma pesquisa de bairros. No Méier, já tinha muita autoescola; em Vilar dos Teles,[3] também; e vi um bairro que só tinha uma autoescola: Madureira. Lá do outro lado. Eu joguei a minha autoescola do lado de cá, para o lado do calçadão. Vi que ali não tinha, era só a minha: "É aqui que vai ser". A minha autoescola, a minha sala, ficava na Rua Almerinda Freitas, no quarto andar. Fui lá, negociei, fui à imobiliária, falei com o meu tio e, logo em seguida, inauguramos. Alugamos uma sala bem grande, já com um espaço de aula para o Detran vir com o suporte. Aí eles:

3 Bairro localizado no município de São João de Meriti.

— Quem vai ser o diretor da autoescola?

— O que precisa para ser diretora?

— Precisa fazer um curso no Detran de tantos meses e precisa ter carteira de motorista.

Eu não tinha nada disso. Corri para o Detran. Fiz o curso na Praça Tiradentes, lá para o Largo de São Francisco. Tem uma faculdade lá, e era lá mesmo que eu fazia o curso para diretora de autoescola. Fiz o curso, mas precisava da carteira de motorista. Com o curso, eu já podia abrir a autoescola, mas a sala só funcionaria se eu tirasse a carteira. Uma amiga do Detran, na época, mandou eu correr com a carteira porque precisava anexar ali no curso que eu seria diretora.

O carro estava lá e eu já tinha contratado o instrutor. Foi bem engraçado como aconteceu: fomos comprar o carro da autoescola, um fusquinha verde, e paramos o carro para fazer não sei o quê. Tinha levado o meu irmão, que era um mecânico e tanto. O carro estava bom. Aí, parou um cara, o Alfredo; conversa vai, conversa vem, e ele:

— Olha, se vocês souberem de alguma vaga de autoescola, sou instrutor, pode falar para mim.

— O senhor é o quê?

— Instrutor de autoescola.

— Pode me procurar amanhã nesse endereço, porque eu quero conversar com o senhor. Estou precisando de um instrutor.

Ele era muito maneiro. Ficou como nosso instrutor lá da autoescola.

Como eu precisava tirar a carteira, treinei com ele. Treinei, treinei... quando a gente não gosta de dirigir, é fogo, mas eu treinei e aprendi a dirigir. Comecei a marcar os exames. Marquei exame de vista. Passei. Marquei a prova escrita. Passei. Marquei o psicotécnico. Passei. Mas e a direção? Vamos marcar a direção. Marquei. Ladeira, de boa. Baliza... na hora da baliza, com todo mundo olhando para mim:

— Não vou fazer.

— Mas, Marcia, tem que fazer — disse o instrutor.

Todo mundo me conhecia no Detran.

— Não vou fazer. Eu já tô nervosa. Eu vou derrubar a baliza. Como vocês vão me aprovar? Não vou fazer!

Faria tudo outra vez

Fiz e passei.

A autoescola estava indo muito bem, mas surgiram uns problemas de família, não com o meu tio, mas com a família dele. Eu não sou muito dada a brigas por bens materiais, não sou interesseira. Aprendi a lutar para conquistar o que é meu. Quem aprende a lutar, não almeja o que é dos outros. Então, um belo dia, não deu para mim. A discussão foi feia, discuti com todo mundo, saí da autoescola e tranquei tudo. Ficamos com ela até 1987, começo de 1988.

Depois que eu saí, montei uma confecção, porque eu sempre vendi roupa. Fui sacoleira, viajava, comprava roupa e vendia roupa. Fazia tudo junto.

Conheci uma menina que costurava muito bem, até desenhava roupa, e eu vendia. Achei que a gente poderia fazer uma boa dupla. Fui conversar ela. Aluguei uma casa, fiz dela uma espécie de ateliê, bonitinho, uma salinha; no quarto, havia até máquinas. Fomos até uma fábrica de tecidos na Tijuca, compramos vários tecidos, vimos os modelos, ela fez vários modelos. Depois, eu descobri que ela estava usando os meus tecidos para fazer as roupas e dando para uma amiga dela vender fora. Uma amiga nossa, em comum, achou aquilo um absurdo. Aí, eu discuti com ela e peguei todos os meus tecidos e os móveis que eu tinha botado lá — tinha feito até cartão com o nome do ateliê: Oju Odara, bons olhos. Todo mundo já conhecia a nossa marca, mas ela cresceu o olho, ela quis mais... Eu sou assim, melhor acabar, porque não vai dar certo. Parei com a confecção. De lá, parti para o barracão, mas continuei vendendo roupas. Nunca mais quis fazer nada com ninguém.

De repente, parou tudo, porque, quando eu abri os olhos, já estava abrindo um barracão. Ainda assim, eu continuei trabalhando como camelô na Cidade, mesmo com o barracão, porque não se tinha dinheiro para nada. Eu precisava continuar ajudando a minha casa de santo.

Orixá sabe de tudo, porque, quando a sociedade com o meu tio na autoescola acabou, já estava pertinho de eu ter uma casa de Candomblé, mesmo sem eu nunca ter pensado nisso. Eu nunca pensei em ter casa de Candomblé. Nunca me vi neste lugar em que hoje me encontro; nunca me vi ialorixá; nunca me vi sacerdotisa; nunca me vi nesta posição de liderança; nunca me vi precisando me responsabilizar pela vida das pessoas.

Hoje, eu me vejo como uma pessoa que toma conta de um reinado, sim, um reinado. Eu sou ialorixá! Lidero uma grande casa e as pessoas me conhecem pelo meu nome. Hoje, sou uma mulher que tem um nome de peso, um nome de respeito. Quando olho para trás, vejo que eu não sabia que teria condições de ocupar esse espaço de liderança. Quando se pensa em liderança espiritual feminina, as pessoas precisam respeitar. Nós, mulheres, temos garra, temos responsabilidade e merecemos, sim, ocupar esses lugares. O Sagrado precisa dessa nossa força. Hoje, também vejo que tudo pelo que passei foi importante para formar a mulher que eu sou agora: uma mulher forte, que vive intensamente para os orixás.

• • •

Sempre quis ter um filho. Eu queria ter uma menina, mas eu tinha medo de parir, porque a gente ouvia dizer que, quando a mulher ia parir, que ela estava com o "pé na cova", e eu não queria ter o meu pé na cova de jeito nenhum. Como não havia muitos recursos, antigamente, muita mulher morria no parto.

Eu tive o Yuri, o meu filho, aos 32 anos. Eu queria ser mãe, mas tinha medo de ter um filho e morrer no parto. Tive de trabalhar muito o meu psicológico para engravidar, mas engravidei logo que eu decidi ter um filho.

Tinha tirado uns filhos de santo em agosto ou setembro, não me lembro, e fui ao *show* da Alcione no Império Serrano, minha escola de samba do coração. Falei isso com a própria Alcione. Inclusive, quando eu cheguei no Império, estávamos eu e uns amigos, filhos de santo, uma porção de gente: sambei, dancei, brinquei, de repente, comecei a me sentir mal, a cabeça rodou, tive uma sensação de desmaio e fui para o camarote que a minha família tinha na época — da Tia Eulália e do tio Molequinho. Lá, um pouco mais descansada, consegui assistir ao *show* da Alcione sentada. Quando terminou, fui para casa. No dia seguinte, fui ver que queda de pressão tinha sido aquela. Fui para um hospital na Penha, fiz todos os exames e, quando foi na segunda-feira, fui entregar os exames. Na terça ou na quarta, fui pegar o resultado. Quando eu peguei o resultado, o médico disse:

Faria tudo outra vez

— Parabéns, mãe, deu positivo.

— Deu positivo o quê?

— Você tá grávida.

— O quê? Meu Deus, tô grávida?

Estava com um mês. Liguei para o pai dele:

— Vem aqui que eu tenho que te falar uma coisa.

— O que foi, meu anjo?

— Tô esperando um neném.

— Demorou, né?

— Demorei, nada. Eu tenho medo.

Aquela brincadeira toda...

Quando cheguei no barracão, estavam o Dofono e a Sueli. Eu disse para eles:

— Adivinha, gente?

— O que foi, minha mãe?

— Tô grávida!

— Mentira! — todos disseram.

Todo mundo se assustou porque ninguém imaginava que eu estava grávida. Nem eu! Conforme eu contava, todo mundo se espantava, e eu tentava ser o mais natural possível:

— Tô grávida.

— A senhora tá gravida?!

Aí começou o medo. A minha prima Bethânia botou até a mão na cabeça:

— Meu Deus! Ai, Marcia, como é que vai ser?

— Bethânia, não sei — respondi por conta do meu medo. — Só sei que, se entrou, vai ter de sair.

— Já tô até vendo você sentindo a dor do parto e se escondendo debaixo da cama com medo do neném nascer.

A minha mãe tinha uma preocupação enorme com a minha gravidez. Foi tudo normal, mas a minha mãe fez promessa para Anastácia, fez promessa para N. Sra. do Bom Parto... tudo por conta do meu medo. A minha família sabia que eu tinha medo de ter filho. Eles sabem que, desde sempre, eu tenho medo de doença, então, todo mundo estava preocupado com a hora do neném nascer e como seria a minha reação, tanto que a

Mãe Marcia Marçal amamentando o filho, Yuri
Foto: acervo pessoal

minha reação foi a pior no nascimento do Yuri. A gravidez foi excelente, eu engordei 28 kg. Na hora, eu senti dor sem estar sentindo dor, eu fui três vezes para a maternidade achando que estava sentindo, mas não estava, e voltava; até o dia em que eu falei: "Só saio daqui quando o neném nascer, não aguento mais ir e voltar". Naquele momento, foi a coisa mais certa que eu falei, porque já estava passando da hora. Eu sabia quando tinha engravidado, então, eu sabia quando tinha completado os 9 meses.

Realmente estava passando da hora, e me levaram para a sala de cirurgia para a cesariana. Ele já estava na posição, e não nascia. Quando eu vi aquele "negoção" na sala de parto, entrei em parafuso, em desespero, porque eu não queria ser operada. Chamei Iansã, chamei Oxum, chamei Obaluaê, chamei todo mundo! Quando eu contei para a enfermeira, ela disse:

— Por isso eu senti um aperto danado nessa sala. Eu senti a sala bem apertada. A senhora chamou todo mundo, mãe?

— Chamei.

Faria tudo outra vez

Imagina uma pessoa pesando 98 kg. Quando eu engravidei, tinha 70 kg; quando o Yuri nasceu, estava com 98 kg, com uma barriga tão grande que a vizinhança apostou que eu estava grávida de gêmeos — uma barriga enorme. Daí, o médico vira para mim e fala:

— Encosta o joelho no queixo.

Aquilo acabou para mim! Porque outra coisa que eu ouvi foi que, se eles errassem a anestesia, a gente ficava defeituosa. Ali, acabou para mim, eu não queria ficar daquele jeito. Eu achava que o parto seria normal, fiz o pré-natal certinho. Desde que peguei o exame, fiquei toda feliz que ia fazer o pré-natal, e o médico me manda botar o joelho no queixo?! Fiquei apavorada, mas teve uma enfermeira muito boazinha que falou:

— Calma, mãe, a gente vai te ajudar.

— Eu não vou conseguir — falei, segurando a mão da enfermeira.

— Vai conseguir.

Até hoje, não sei como ela me colocou em posição fetal e lascou a injeção ali — pronto! —, a raque.[4] Quando ele deu o primeiro corte, eu: "Para, para, tá doendo", e não estava. Eu estava anestesiada. Aí, o anestesista virou e disse:

— Não tem jeito.

— O que é que não tem jeito, meu pai Obaluaê? Minha mãe Iansã, o que é que não tem jeito?

Eles botaram alguma cosia no soro e eu acordei no dia seguinte já com a criança nos braços. Eles me botaram para dormir porque eu estava apavorada, e comigo acordada eles não conseguiriam fazer o parto.

A enfermeira me acordou:

— Mãe, o Yuri nasceu 1h15.

Eu acordei às cinco e pouca da manhã. Tudo o que eu não queria era dormir na hora do parto, com medo de não acordar. Olha que complicado. A enfermeira:

— Mãe, seu neném é um menino.

— Ai, que pena, né?

E voltei a dormir. Ela me deu banho, me botou o neném e me levou para o quarto. Aí, fiquei bem, falava, falava, falava... A enfermeira:

---

4   Raquianestesia usada nos partos cesáreos.

— Mãe, não pode falar.

Entrou ar. Como eu gritava de dor. Esse foi o parto dele.

Ele nasceu no sábado, à 1h15 da manhã. No domingo, o médico passou lá. Eu fiquei tentando ligar para o pai dele, mas não conseguia — naquela época, não tinha celular, só "teletrim",[5] aquelas coisas —, o pai dele estava no 5º Batalhão, e, no domingo, eu não conseguia falar com ele. Eu queria ir para casa. Comecei a arrumar problema com o médico para ir embora. Ele me examinou, estava tudo bem com os pontos, mas ele não podia dar alta para o neném, porque a pediatra só daria a alta dele com 48h.

— Eu só saio daqui com o neném.

Vai dar, não vai dar... Aí chegaram Sueli, Cláudio e a Dofona do Ogum para me visitar.

— Assinem lá a autorização para tirar o neném daqui.

— Eu sou o pai — disse o Cláudio.

Sueli e Cláudio foram lá assinar a autorização e eu tirei o Yuri da maternidade no domingo. Era vontade de sair dali. Minha mãe chorou a beça. Ela estava com muito medo, porque ela sabia que eu ia dar trabalho na hora do parto.

Quando eu cheguei, ela chorava para caramba, agradecendo a Anastácia, a N. Sra. do Bom parto, e eu:

— Calma, chega de agradecer. Já tá tudo bem. Foi tudo bem.

Eu queria ter um filho para fazer por ele tudo o que eu pudesse, tudo o que estivesse ao meu alcance. Não ia deixar faltar nada, ele ia ter tudo do melhor: estudo, roupa, calçado, tudo o que eu não tive.

---

5   Pager. Também chamado de "bip" ou "beep".

Faria tudo outra vez

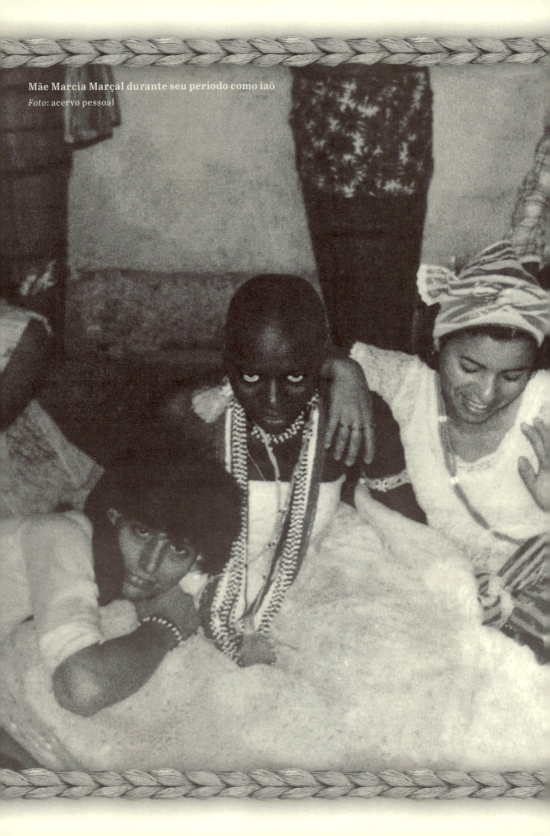

Mãe Marcia Marçal durante seu período como iaô
Foto: acervo pessoal

FARIA TUDO OUTRA VEZ

4

O encontro com o Candomblé

Todo mundo reclama de todo mundo, todo mundo trai todo mundo, todo mundo é traído por todo mundo, mas que força tem um ser humano para nos fazer desistir do Sagrado? A gente se encolhe, se esconde e prefere, muitas vezes, culpar os outros: "Eu saí da religião por causa do outro!". Eu não quero a religião por causa do outro. Que poder esse outro tem para que a minha decisão dependa dele? Não! Eu estou na religião por minha causa, eu quero a religião por minha causa, eu amo a religião por minha causa. O ser humano não tem poder para nos fazer desistir do Sagrado. Orixá na minha vida é o sangue que corre nas minhas veias. Ninguém, em nenhum momento, vai me fazer desistir dos orixás; e eu acho que todos deveriam fazer o mesmo.

— Mãe Marcia Marçal, "Nunca desista por ninguém"[1]

Passei por tudo isso, me mudei para Nova Iguaçu, me iniciei, mesmo sem querer, porque Umbanda era Umbanda, e eu fui encaminhada ao Candomblé. Fui levada pela minha mãe, graças a Deus. E eu morria de medo do Candomblé.

---

[1] Publicado por Carlos Wolkartt em 26 de abril de 2020. Disponível em: https://www.facebook.com/wolkartt/posts/141734500733615. Acesso em 25 abr. 2021.

Fiquei lá na Mãe Maria de 1969 a 1972, mais ou menos. Mãe Maria acabou com o centro por problemas pessoais: seu Zé morreu e o pai de santo foi embora e abandonou tudo. Aí, a Dona Tereza, que era mãe da Dona Jurema, também tinha um centro de Umbanda e a gente, de vez em quando, ia lá só para assistir. Eu estava lá em 1974, porque ainda morava lá; nos mudamos no final do ano, quando teve a remoção dos moradores de Colégio.

Teve uma festa no centro da Dona Tereza. Eu estava sentada com o Cláudio, meu sobrinho, no colo — todo lugar que eu andava, ele estava atrás, um grude —, e eu virei com a Poeira num toque de Exu. Eu tinha 14 anos, e ela, do nada, me pegou.

Quer dizer: eu fiquei botando roupa lá na Mãe Maria e ninguém me pegou. Eu queria que Iansã pegasse a minha cabeça, mas Iansã não chegou de jeito nenhum. Não sabia de que santo eu era; só sabia de que santo eu queria ser: de Iansã. Eu queria receber Iansã a todo custo; Obaluaê, não! Nossa senhora, eu tinha medo, porque na Umbanda tinha esse negócio, essa separação, então, eu sabia que Obaluaê eu não receberia. Nem sabia que era filha dele. Então, não era exu que ia vir na minha cabeça, mas com 14 anos eu virei com ela numa gira de exu. Foi a festa do Tranca-Rua da Dona Tereza. Quando a gente estava lá, um sobrinho dela, ogã — mas ele era ogã de Candomblé, não de Umbanda —, foi convidado e ele começou a cantar para exu. Cantou uns pontos, eu me lembro do que ele estava cantando: "Ganhei uma barraca velha, foi a cigana quem me deu...". Sei lá o que aconteceu comigo, eu me lembro perfeitamente: uma força muito diferente, que eu não soube controlar, meu corpo em movimento, uma gargalhada alta. Fiquei com muito medo! Quando acabou tudo, as pessoas vieram falar que eu tinha recebido exu e eu disse: "Não recebi, não", porque, no meu entendimento, se não tinha virado com orixá, não viraria com exu. A minha ignorância não me deixava entender.

— Você recebeu pombagira.

— Não recebi — eu dizia.

— A pombagira falou que o nome dela é Poeira. Falou o nome dela desde o primeiro dia.

Dona Poeira, pombagira de Mãe Marcia Marçal
Foto: acervo pessoal

— Não recebi. Acabou! Não quero saber, não recebi, não recebi, e ponto final.

Só que, daí para a frente, toda macumba aonde eu ia, a Poeira aparecia, e aquilo começou a me irritar. Porque no santo eu não virava, não recebia santo; então, que pombagira é essa? De onde saiu essa pombagira para vir na minha cabeça? Parei de ficar indo na macumba, parei de ficar indo a toque de exu. Isso foi em 1974. A gente se mudou, fomos morar em Senador Camará, e tinha um homem lá — esqueci o nome dele — que virava com um Tranca-Rua das Almas. Todo mundo ia procurar esse homem. "Vamos, vamos, vamos?", e eu só respondia: "não vou". Eu não queria ir ao toque desse homem nem na macumba, de jeito nenhum. E não fui. Saí de lá em 1975 e fui morar em Nova Iguaçu, onde conheci o Nino, meu outro pai de santo. Conheci o Miguel e tive vários amigos em Nova Iguaçu, todo mundo macumbeiro.

— Vamos na macumba?

— Vamos na macumba.

Aí, tinha uma senhora, a Dona Zulema, que tinha um centro. Ela era feita de Oxumarê, mas não montou uma casa de Candomblé; ela só tocava Umbanda. Eu e Rosinha fomos na casa da Dona Zulema e começamos a frequentar. Quem apareceu? Dona Poeira.

Nesse dia, ela falou sobre a roupa que gostava, disse como queria, e que tinha de ser roxa. Quando fiquei sabendo, eu disse: "Não quero". Já queria que alguém fizesse alguma coisa: "Como é que se faz para essa pombagira não vir mais? Porque, que pombagira que é essa? Isso aí deve ser defunto!". Passou muita coisa na minha cabeça. Passou muita coisa na minha cabeça em relação à Poeira.

Depois de muitos anos, me explicaram. Porque, logo que ela chegou dizendo quem era, ela chamou a pessoa mais certa: a minha mãe; a única pessoa que, talvez, pudesse impedir dela permanecer, e ela foi direto nela. Então, a Poeira falou para a minha mãe quem ela era e o ela estava fazendo na minha vida. Ela falou para a minha mãe que ela tinha chegado para mudar a minha vida, e que ela ia mudar, que a minha mãe poderia confiar nela. Que ela não era minha, mas que ficaria como se fosse. Tudo bem, Poeira veio vindo, mas nunca deixou tocar, nunca deixou assentar,

Mãe Marcia Marçal

nunca deixou fazer nada para ela. Só vinha. E, por onde a Poeira passava, arrastava uma multidão que queria falar, que queria ver, que começou a seguir e que a procurava: "Tem consulta com a Dona Poeira?", "Não tem consulta com a Dona Poeira?".

Quando a Poeira aceitou ser assentada, em 1982, aí é que eu fui descobrir quem ela era. Ela não aceitou qualquer pessoa, e foi outro deus nos acuda. A mãe de santo que me fez, ela não aceitou, porque a mãe de santo não queria que ela viesse mais na minha cabeça; então, a quizila já começou ali. Aí, outro pai de santo — do Miguel, meu pai-pequeno — que, jogando, descobriu toda a história e falou com o Miguel. A Poeira o chamou, falou com ele e aceitou que o pai-pequeno a assentasse.

De fato, ela veio para mudar. Se ela não era a minha pombagira, quem seria a minha pombagira? Só quando eu fui fazer santo que descobri que a minha pombagira era a Maria Padilha do Cabaré, não ela. Mas ela deixou claro que veio para não sair. Não saiu, mesmo, e mudou muita coisa na minha vida.

Eu nunca fui ansiosa nem afobada por mudanças, só vivi a minha vida. Vivi sempre, desde sempre, com o que tinha no momento; se eu vou ter alguma coisa amanhã, só vou saber amanhã; só vou saber amanhã, porque eu posso não viver para ter. Em termos espirituais, o que tiver de acontecer comigo são os santos que vão determinar e que determinaram. Eu fui vivendo...

A Poeira disse aquilo à minha mãe, mas eu não fiquei focada naquilo, porque a minha vida já tinha mudado: eu não catava mais lixo. Então, ainda que ela só tivesse vindo na minha vida aos 14 anos, alguma coisa mudou ali, porque eu já não catava mais lixo, estava fazendo outros serviços, era feirante, carregava o caminhão, mas não catava mais lixo, não estava embaixo de barraca de feira catando xepa mais, já estava em outra situação. Todo dia uma mudança. Eu nunca tive pressa para nada.

Depois, em 1975, eu entrei para o centro da Dona Zulema. Ali, a Poeira se sentia mais à vontade, porque eu já botava roupa e era filha do centro de Umbanda. Nesse tempo, eu não conhecia o Candomblé, porque a gente tinha medo. Pessoa de Umbanda tinha medo de Candomblé, porque falava-se muito mal do Candomblé naquela época. Queto? Deus que me perdoe, mas o pessoal tinha mais medo ainda.

Faria tudo outra vez

Dona Poeira, pombagira de Mãe Marcia Marçal
Foto: acervo pessoal

Em 1975 mesmo, meu irmão de criação, o Ti, foi recolher para fazer santo numa casa de jeje lá em Vilar dos Teles. Eu fui à saída dele e, pela primeira vez, vi o Candomblé; já era maior. Quando criança, tinha ido na casa do falecido Piole[2] para assistir, mas passei muito mal, fiquei com medo e não voltei mais. Fiquei com aquela mentalidade: "Candomblé não é coisa de Deus, porque a gente vai e passa mal".

A partir dali, fui conhecendo o Candomblé e percebi que não era aquela fantasia toda que as pessoas falavam; aquele pânico todo que botavam na gente. Comecei a frequentar mais e ir nas festas na casa do pai de santo do Ti.

Em 1976, conheci uns amigos que eram do Candomblé e aconteceu uma coisa muito estranha: numa festa de aniversário na minha casa, algumas pessoas passaram mal recebendo santo — espírito obsessor, não sei — e eu fui chamar o pessoal de um barracão ali perto para ajudar, porque eu não sabia o que estava acontecendo. Eles vieram, passaram um ebó na minha casa, bateram folha, ajudaram muito, porque depois ficou tudo bem. Eles me convidaram para uma festa nessa casa e eu fui. Era de Angola, da finada Mãe Zilda. Fui, gostei e fiquei frequentando mais vezes, até que um dia a minha mãe foi jogar com o Seu Zé Ribamar — um pai de santo muito conceituado lá em Juscelino — e ele falou sobre umas coisas que aconteciam comigo, falou da minha pombagira, que eu tinha de me iniciar por conta disso. Minha mãe falou comigo e eu fiz ouvido de mercador, não queria saber. Uma coisa era frequentar, outra era eu raspar a minha cabeça. Aí já era demais! Isso, nem pensar. Não queria mesmo. Eu queria farra, baile, namorar... ficar careca? Nem pensar!

A minha mãe estava preocupada com as coisas que estavam acontecendo comigo. Foi na mãe de santo, jogou e ela acabou falando a mesma coisa: que precisava me iniciar por conta da minha sorte, por conta disso, daquilo, que minha pombagira estava muito solta, muito dona da minha vida, que isso ia acabar me prejudicando... que eu tinha de me fortalecer.

Eu não aceitei, peguei as minhas coisas, botei numa bolsa e fui para casa do meu tio. Fiquei lá, mas não deu certo, porque eu fiquei muito mal.

---

2   Piole foi um pai de santo de Angola muito conhecido. O barracão dele ficava em Vaz Lobo.

Faria tudo outra vez

Voltei para casa, a mãe de santo me recolheu e me deu um bori, mas não deu certo, porque, em seguida, uns seis meses, menos de um ano, eu tive de entrar para me iniciar.

Não aceitei de pronto, não, mas aceitei. Eu me lembro de que eu vim da casa do meu tio, tomei o bori e voltei para a casa do meu tio. Eu vivia mais na casa da minha tia Laia, a tia que a gente amava. Sofri muito com a partida dela... sabe aquela tia que todos os sobrinhos amam e queriam que ela fosse a mãe? Era ela. Umbandista fervorosa, não podia ver uma gira que já estava lá. Ela era de Xangô com Oxum, e sempre me levava junto.

Nessa época, eu ficava pulando de galho em galho, e meu tio — ele era baiano, não frequentava, mas sabia de muitas coisas — falava: "Sinhá Marcia, vai procurar seu centro. Esse negócio não tá bom para você". Eu me vi com o braço esquerdo todo inchado, e eu não sabia o porquê; ele botou na minha cabeça que aquilo era coisa do santo, que eu tinha de voltar. Voltei.

Fui à casa de uma amigona minha, a Bete, mas ela não estava. Segui mais adiante e fui à casa de outra amiga nossa, a Regina — o pai dela tinha uma birosca. Quando eu estava indo para a casa dela, de um quarteirão para o outro, eu vi na rua um pessoal e uma luz no chão. Fiquei com medo de chegar perto porque eu não sabia que luz era aquela no chão, e tinha muita gente na barraca. Eu me abaixei para olhar o que estava acontecendo no chão, por entre as pernas das pessoas, e vi um corpo. Depois, soube que um desses vendedores de bar, de pegar pedido, foi assaltado e assassinado ali na porta da barraca. Não sei se a minha pressão baixou, mas eu desmaiei no meio da rua, sozinha. Quando acordei, vi que tinham me levado para o barracão. Até hoje, não sei quem foi essa alma boa. Quando acordei, minha mãe estava lá. Eu estava com o rosto inchado de chorar e pedia para ela: "Não me deixa aqui, não! Eles vão raspar a minha cabeça. Não deixa, não". Minha única preocupação era rasparem a minha cabeça.

Quando me olhei, eu estava muito inchada — não sei se foi por ter ficado muito tempo deitada, desmaiada, bolada... não sei. Assustada, pensei: "Acho que vou ter de fazer esse negócio".

Não fui feita ali, na hora, porque a gente precisava arrumar o dinheiro. Voltei para casa, mas a minha intenção não era voltar. Todo mundo ajudou, um foi dando uma coisa, outro deu outra: uma irmã deu uma saia, outra

Mãe Marcia Marçal durante seu período como iaô
Foto: acervo pessoal

deu um pano, outra deu uma compra, um amigo deu um alguidar e o cuscuzeiro de Obaluaê. Acabei concordando e, em quinze dias, me recolhi.

Como eu já era apaixonada por orixá, me apaixonar pelo Candomblé foi muito fácil. Eu já gostava de Ogum, na Umbanda, de caboclo, de Iansã... só a maneira deles, da Umbanda para o Candomblé, é que mudou, porque o amor continuou do mesmo jeito. Eu me iniciei e continuei frequentando a Umbanda na casa de amigos, porque eu gosto de Umbanda até hoje. Gosto mesmo! Eu saí da Umbanda, mas a Umbanda não vai sair de mim, nem vai sair de quem veio de lá. A gente começou lá. Eu acredito nessas energias.

Quem não aceitou que eu me recolhesse foram as minhas irmãs por parte de pai. Minha irmã mais velha, a Neide, era mãe de santo de Umbanda, daquelas boas mesmo — minha irmã era fora do comum, ela olhava para você e já dava o recado certeiro, ela tinha vidência. Por ela ser do santo, achei que ela ficaria feliz por saber que eu ia me iniciar. Puro engano da minha parte. Quando falei, ela tentou fazer a minha cabeça contra. Elas tinham dinheiro, mas não me deram uma vela. Ninguém aceitou porque todo mundo era umbandista; ainda mais em uma casa de queto. Meus irmãos eram ogãs na casa da minha irmã. O outro lado da minha família, da parte da minha mãe, minhas tias, primas, todo mundo aceitou, incentivou.

Quando a Poeira começou a arrastar multidões, aí eu fui fazer o santo, mesmo com medo, porque falavam que, durante a iniciação, colocavam um tipo de folha que mudava a sexualidade da pessoa — se era homem, virava mulher; se fosse mulher, virava homem. Não queria mudar nada disso! Falavam também que, para comprovar que a pessoa estava com o santo, enfiavam um punhal da cabeça até o queixo. Já pensou: enfiarem um punhal na minha cabeça? Eu morria de medo disso!

Quem me explicou que isso tudo era mentira foi um amigo. Ele me ajudou bastante nessas questões e tirando as minhas dúvidas. Qualquer coisa que eu não achava certo, já dava uns gritos com ele:

— Você está exagerando!

— É assim, nega — ele dizia.

Ele era a pessoa ideal para tirar as minhas dúvidas, porque ele já era do meio. Ele conhecia, já era envolvido e eu estava chegando.

Mesmo com medo, fui fazer o santo — por obediência, mesmo —, e fomos atrás das coisas da feitura, mesmo sem ter dinheiro. Fomos, eu e o falecido Nino, num homem que vendia bicho lá embaixo, perto da Via Dutra. Perguntamos para ele se ele poderia vender, mas que a gente só poderia pagar no mês seguinte; falamos o lugar, o barracão e ele perguntou qual era o santo. Falei: "Omolu". Ele anotou o santo, anotou os bichos e vendeu cabrito, galo, pombo, galinha d'angola, tudo que eu precisava. Porém, eu não me sentia confortável com a ideia de fazer o santo, raspar a cabeça. Continuava com todos os medos de antes, só estava fazendo por obediência mesmo. O medo continuava.

Marcaram a data. Entrei em 15 de julho, acho, e saí em 2 de agosto. Foi tudo muito rápido — maio, junho, julho... dois meses e pouco. Aí, acertei e fiz. Foi a melhor coisa que fiz na vida. Perdi todo o medo, porque vi que não era nada daquilo que me falavam — de botar punhal na cabeça, de folha, um monte de coisa. Eu tinha um medo normal de iaô:

Mãe Marcia Marçal

se o santo ia chegar, se eu ia passar vergonha, essas coisas. Foi uma paixão avassaladora, como uma mãe grávida que espera o parto por nove meses e vê o filho pela primeira vez.

• • •

Minha mãe morreu sem me ver falar um palavrão, sem ver uma fumaça de cigarro — ela sabia que eu fumava, porque ela pedia meus cigarros, mas eu nunca acendi um cigarro na frente da minha mãe. Nunca, nunca! Fomos criados com esse tipo de costume, bem antigo. O que minha mãe me ensinaria da vida? Nada. Ela não me falaria. Eu precisaria descobrir por conta própria, mas eu tive o Nino, meu amigo, e a amizade foi ficando legal. Brigamos muito no passado, porque ele era terrível, ele não fazia questão de que ninguém gostasse dele. Filho de Oxóssi é assim, pensa que o pai está dentro da barriga, e ele não era diferente. Ele atraía muita gente inimiga para cima dele. Eu o amava porque ele fez muito por mim, foi muito meu amigo. A gente brigou muito, ele aprontou muito comigo, mas ele me ensinou muito da vida. Ele era uma pessoa estudada e culta, ao contrário de mim, então, nós dois fazíamos uma parceria perfeita: eu com a inteligência, ele com a cultura escolar. A gente tinha a parceria ideal. As pessoas, quando viam a gente, tinham raiva, porque os dois juntos não era boa coisa. A gente se entendia no olhar. Ele era um ano mais novo, e me ensinou a vida. Eu contava tudo para ele, inclusive a história da folha e do punhal, e ele ria na minha cara: "É mentira isso", "Isso não existe, nega". Ele vinha para a minha casa e a gente ficava a madrugada toda conversando.

Quando ele morreu, eu sofri para caramba. Sofri duas vezes: porque perdi o amigo e porque a Poeira avisou que eu ia perdê-lo. Naquela noite, ela veio e disse que eu perderia uma pessoa muito querida, e que eu sofreria muito. Fui para casa quando a macumba acabou. De manhã, o telefone tocou. Ele morreu naquela mesma noite. Os cinco primeiros anos foram duros, com quem eu tiraria as minhas dúvidas, meus questionamentos? O cara era ele. Era a pessoa que, desde os meus 15 anos, me ajudou, me acompanhou; e a gente conversava sobre tudo. Muito tempo, né? Foram 35 anos de amizade. No ano que eu fiz 50 anos, ele não estava lá. Sofri para caramba!

Faria tudo outra vez

Nino sabia que eu e minha mãe vivíamos com muita dificuldade, ele chegava em casa e era "uó", porque minha mãe não dava confiança para ele, mas ele ia direto para a cozinha ver o que minha mãe estava fazendo. "Dona Geni, tem cigarro?", era só para ver se tinha comida; se não, ele ia na casa dele buscar para fazer. Daqui a pouco, ele aparecia com o cigarro e uma carninha. Ele aprontou muito, não pense que ele não aprontou — ele era terrível, mas foi muito importante para a gente.

Enquanto eu vendia flores, ele andava de porta em porta comigo — de Juscelino até Mesquita, depois até Edson Passos —, a pé, só para me fazer companhia. Ele não tinha necessidade, a família dele era bem, mas ele me fazia companhia.

Quando eu inaugurei o barracão em Vaz Lobo, ele me perturbou, discutimos feio, mas ele não me largava. Eu o expulsava, mas não adiantava.

— Não vou sair — ele dizia.

— A casa é minha. Vai sair, sim.

— Não vou.

E não saía. A gente brigava, discutia, e ele ficava na minha casa. Eu:

— Dá para você ir embora?

— Não vou, não tenho o dinheiro da passagem.

— Vai a pé. Não mandei você vir para a minha casa.

— Se você não me der o dinheiro da passagem, eu não vou. Vou dormir aqui.

Mas isso tudo era num clima de raiva um com o outro. Era coisa de louco! Ele não ia embora. Aí, passavam dois, três, quatro, cinco dias, e tudo bem. Ele era assim.

Lá no barracão de Vaz Lobo, quando inaugurou, ele falou para todo mundo:

— Nega, se você soubesse quem você é. Nossa Senhora! Mas é muito bom não saber, para não subir à cabeça... porque você não tem noção aonde tu vai chegar.

— Virou vidente agora? Nem joga búzios, mas agora é vidente? Então tá.

— Tá. Não quer me ouvir, não me ouve.

Ele era assim, e aí cruzava a perna bem cruzadinha. Ele sempre disse que eu ia longe. Sempre falou, do pessoal que a gente conhecia que virou pai, mãe de santo, que a única pessoa que ele daria a cabeça, e que chegaria mais longe, era eu. Ele dizia isso para todo mundo.

Mãe Marcia Marçal durante Candomblé
Foto: acervo pessoal

Fomos vivendo, mas em certo momento da vida a minha mãe de santo decidiu me entregar o santo — os meus ibás com os meus santinhos. Ela fechou o barracão, e eu e meus irmãos de santo ficamos sem saber como agir.

A princípio, levei meus santos para a minha casa. Ficaram lá no cantinho, atrás da geladeira, e eu nunca mais fui para o barracão de senhor ninguém. Depois que a mãe de santo fechou a casa, nunca mais procurei uma casa de santo. Não estava à procura de uma casa de santo, mas nunca me afastei do santo, só não era filha de ninguém. De verdade, não sei bem o que aconteceu, mas eu não me preocupei em procurar uma casa, mas num determinado momento precisei de obrigações, precisei descansar a cabeça.

Uma pena que eu tenha ficado pouco tempo — dois ou três anos —, porque eu me iniciei, tomei obrigação de um ano e, logo depois, com dois anos de santo, ela fechou a casa. Devolveu os santos; eu levei para casa e coloquei atrás da geladeira, que era o único lugar que tinha para colocar.

Ela viajou, mas depois reabriu a casa e tentou chamar todo mundo de volta; aí, eu já não queria mais voltar. Tomei o gosto de ficar com o santo em casa comigo. Então, não queria mais voltar.

Fiquei dois anos solta, sem ser filha de ninguém, até eu abrir a minha casa em 1988. Eu ia, visitava, mas não tinha compromisso com ninguém. Foi assim que Obaluaê quis. Tomei minha obrigação de três anos, tomei minha obrigação quando fiz sete anos, mas não foi obrigação de Deká nem de Odu Ijé, fui lá para dar comida ao meu orixá no barracão de uma amiga em Juscelino. Quem era meu pai-pequeno virou meu pai de santo. Dei a obrigação e, quando precisei, voltei lá de novo, tomei obrigação de novo, mas sem festa, sem vestir santo, sem toque. Meu santo voltou e eu fiquei o resguardo com ele, porque eu já não queria mais largar os meus ibás.

Continuei sem estar na casa de ninguém, porque eu não procurei casa, apesar de conhecer muita gente. Também não tinha tempo, porque eu vivia naquele ditado "vender o almoço para comprar a janta", tinha de trabalhar de dia para comer de noite. Não tinha nem como, porque minha prioridade, naquele momento, era botar comida na mesa. E, como meu pai-pequeno, que virou meu pai de santo, não tinha casa aberta, por que eu procuraria uma casa se eu tinha um pai? Quando eu precisava fazer alguma coisa, arriar uma comida, ele estava lá; então, não me preocupei com uma casa, pois o pai estava por perto. Obaluaê quis assim para eu me tornar a mãe que eu sou, senão eu teria a referência de muitas mães. Certa ou erradas, qual mãe eu seguiria? Tudo que eu sou como mãe, aprendi com nossos deuses mesmo, eles me ensinaram a ser mãe.

Eu fui filha de uma mulher que sofreu e lutou; e eu estava aprendendo a ser uma ialorixá que ia sofrer e lutar — não necessariamente nesta mesma ordem —, mas eu estava aprendendo a ser grande com a minha mãe. Se eu tivesse outras mães, não ia dar certo, eu não teria uma referência. Minha referência de pai é Obaluaê, de mãe é Oyá, porque eu não tive uma mãe de carne e osso na religião, alguém para eu ter uma referência. Eles foram me preparando para eu ser quem eu sou hoje, com muitos erros e acertos também. Eu sou aquilo que orixá me tornou. Aquilo que Ele quer que eu seja. Obaluaê me fez ialorixá; Iansã me fez ialorixá. Eu sou muito grata a eles por terem me tornado quem eu sou, uma ialorixá. Eu sou ligada a eles e vou viver com eles para sempre.

Mãe Marcia Marçal com seu zelador de santo, Pai Dito Omorodessi (Benedito)

Foto: acervo pessoal

Primeiro barracão de
Mãe Marcia Marçal, em Vaz Lobo
Foto: acervo pessoal

FARIA TUDO OUTRA VEZ

5

Nasce uma família: Ilé Àṣẹ Olúwàiyé Ni Ọya

Eu sei o que passei, o que sofri, o que chorei. Também sei que ninguém viu, pois não quis que ninguém visse. Porque a minha direção era só uma: òrìṣà. Sou filha de òrìṣà, nasci para òrìṣà e serei sempre de òrìṣà enquanto eu viver. Não importa quantas lágrimas eu venha a derramar por um ou por outro, ou por alguma coisa que me aconteça dentro da religião: ainda assim vou amar a religião e os òrìṣà; não importa quantas vezes na vida serei traída: eu vou ter òrìṣà me amparando. Eu sempre peço a Ṣàngó que nunca impeça que eu leve uma punhalada, mas para me ensinar sempre a cicatrizar a ferida. Assim, eu vou estar de pé para a próxima. E vou estar de pé também para ser grata, para receber as melhores coisas que òrìṣà pode me dar. É emocionante estar na sala de Candomblé e louvar o òrìṣà. Eu fico esgotada de cansaço em todas as funções, mas também fico feliz em todas elas. Eu só aceito o que òrìṣà me dá.

— Mãe Marcia Marçal, discurso da festa de
30 anos do *Ilé Àṣẹ Olúwàiyé Ni Ọya*[1]

---

[1] Publicado por Carlos Wolkartt em 22 de maio de 2020. Disponível em: https://www.facebook.com/wolkartt/posts/149681609938904. Acesso em: 25 abr. 2021.

O *Ilé Àṣẹ Olúwàiyé Ni Ọya* é a minha vida. Falar sobre ele, sobre o meu terreiro, é falar sobre o meu coração. Na minha vida, eu nunca pensei nessa hipótese. Nunca pensei! Lá no passado, eu seguia com a minha vida catando meu lixo, minha xepinha, pegando minhas cabecinhas de peixe — abrindo parênteses aqui, eu não gostava de camarão com chuchu, porque, nessa época, eu catava umas cabecinhas de camarão e minha mãe fazia um camarão nadando no chuchu, tomei nojo —, catando minhas coisinhas estragadinhas na feira, ou até mesmo no setor de "lavagem" lá das feiras. Mesmo com essas dificuldades, nós íamos para a macumba, e eu nunca imaginaria que, algum dia na minha vida, eu viraria uma ialorixá.

Em 1988, eu tive um aniversário: um amigo fez uma festa de aniversário para mim. Fomos para a casa de uma amiga que tinha barracão e, lá, os filhos de santo bolaram aos meus pés, com o santo pedindo feitura pelas minhas mãos. Esse momento foi muito marcante, mas ao mesmo tempo muito difícil para mim. Lembro como se fosse hoje: "Não sou eu! Não quero! Não posso!". Eu não queria — não porque estivesse me desfazendo do santo — porque eu não sabia. Eu não sabia fazer o santo de ninguém; não sabia dar obrigação em ninguém; não sabia nada disso. Eu não podia querer aquilo, nem tinha dinheiro. Na minha cabeça, aquilo tudo era muito surreal. Nunca pensei, na minha vida, em ser mãe de santo.

Se eu já estava afastada de uma casa, como eu poderia ser mãe espiritual de alguém? Eu só era mãe de santo quando criança, porque eu brincava de macumba e sempre queria ser a mãe das pessoas. Quando menor, eu vivia na Umbanda; mas adulta, não. Havia momentos certos para que eu fosse ao terreiro e, naquela época, eu só ia por causa das obrigações sagradas.

Naquele instante, com aquelas pessoas boladas diante de mim, eu não sabia o que fazer e não quis. O dia passou e eu chamei meu pai de santo, o que me deu obrigação. Chegaram meu pai de santo e o pai-pequeno: "O santo só quer a sua mão. Só quer sua mão...". Recolhemos os filhos de santo depois de muito sofrimento meu — sofrimento mesmo, porque eu não sabia o que aquele santo estava me pedindo. Ali, eu não sabia o porquê, mas o santo sabia, e foi assim que tudo começou.

Eles foram recolhidos no dia 17 de abril, um dia depois do meu aniversário, e saíram no dia 4 de junho. Não dava para ser antes, porque eu não tinha nenhuma condição — nem financeira, nem emocional, nem psicológica... nem a sabedoria necessária para isso —, mas aconteceu. No decorrer desses meses, três meses, diga-se de passagem, aconteceram várias coisas, e eu tive de pegar os santos de todo mundo.

Vim para a minha casa — eu morava no morro, não tinha lugar para o meu santo, e estava com três santos a mais — e entrei em pânico, desespero, chorei muito. O santo ficou lá e, ali, eu tive de tirar o quelê. Uma amiga que soube falou que havia um barraco alugando; fomos lá, vimos o lugar, gostei e aluguei. Lembro que, na época, custava 50 cruzeiros. Fomos lá, limpamos tudo, ajeitamos para guardar o santo e levamos o santo para lá. Isso foi em setembro de 1988, do dia 7 ao dia 10, por aí. Limpamos tudo e colocamos o santo lá. Uma esteira aqui, outra acolá, e assim foi. O barracão era de madeira, precisamos dar um jeitinho na arrumação.

Todos acomodados na casa nova, lembro-me de que meu orixá pediu que eu fizesse algo naquela terra. Chamei o pai de santo e ele fez; ele pediu para fazer alguma coisa, mas, na época, eu não sabia do que se tratava. Foi feito algo em prol daquela nova casa.

No dia 29 de outubro de 1988, fiz um toque na casa e convidei algumas pessoas. Desse dia em diante, não parei de tocar Candomblé. Eu costumo di-

Primeiros filhos de santo de Mãe Marcia Marçal
Foto: acervo pessoal

zer que eu não inaugurei uma casa; Obaluaê inaugurou uma casa para mim, para eu entrar, e eu entrei na casa que ele inaugurou. Eu não sabia o que estava fazendo, mas eles sabiam que eu estava sendo obediente. Tudo o que eles me pediam, eu prontamente atendia, porque eu confio, porque eu amava, fiz porque eu amo, e sigo assim porque eles significam muito para mim.

O primeiro ano, 1988, foi um período muito complicado; e 1989 também foi muito difícil, porque a negatividade em cima de mim era muito grande. Como uma bomba, eu ouvia constantemente: "Não vai conseguir", "Não vai dar", "Essa menina...". Eu era uma menina de 28 anos, e algumas pessoas não me davam crédito, não acreditavam em mim. Ouvi muita coisa: "Essa menina vai fechar", "Isso aí vai acabar logo", "Isso aí não vai dar em nada", "Isso aí é uma bagunça". Muita gente falou muita coisa, e eu estava, realmente, pensando em desistir, mas eu nunca fui uma menina de desistir, nunca fui uma moça de desistir, nunca fui uma mulher de desistir, e, hoje, não sou uma senhora de desistir. Eu não desisti! Pensei até em desistir, mas não desisti, eu segui. Segui e estou aqui!

São 32 anos com a minha casa, com mais de 200 filhos de santo, com vários filhos de santo com casa aberta, com vários netos de santo, com bisnetos de santo... estou com 61 anos, sabe? Tenho seguido numa felicidade, mas assustada, confesso, porque questiono o quanto a minha vida mudou em 32 anos. Como é que se muda uma vida dessa forma em 32 anos? Como é que se explica? Hoje, quando eu vou jogar para uma pessoa, ela quer ouvir a minha história e eu falo: "A minha história pertence aos orixás, porque quem escreve a minha história são eles". Quem tem a caneta e a borracha da minha vida, do meu destino, são eles. Eles escrevem, se eles acharem que não está bom, eles apagam, e escrevem de novo, se acharem que está bom, eles não precisam apagar; mas eu não escrevo o meu destino, eu não decido a minha vida, quem decide a minha vida são eles. Eu faço o que eles querem, mas eu faço satisfeita, eu faço feliz. Não me arrependo de nada, não me arrependo de ser ialorixá, não me arrependo de ninguém que tenha passado pela minha vida, não me arrependo de ninguém que tenha me machucado — se me machucou, não me matou, me fez forte. Então, tudo o que eu passei foi para ser quem eu sou hoje. Eu não seria a Iyá que sou se não tivesse passado por tudo o que passei.

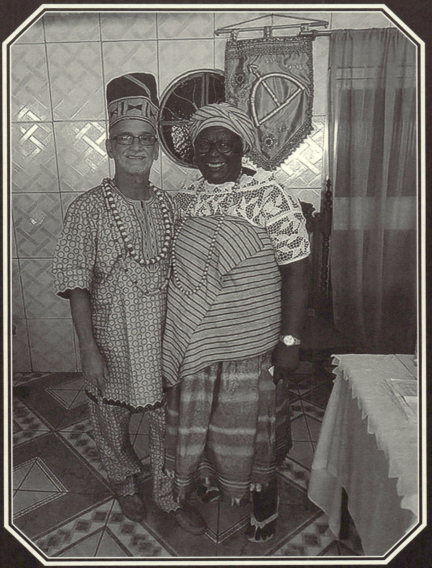

Mãe Marcia Marçal com seu zelador de santo, Pai Dito Omorodessi (Benedito)
Foto: acervo pessoal

O *Ilé Àṣẹ* na minha vida é o meu coração. É, de fato, o meu coração. Se essa casa parar de existir, meu coração para de bater. Minha casa de Candomblé é o meu coração, insisto!

Meu pai de santo costuma dizer que o meu barracão é um barracão-família, porque muitos seguidores estão em família. Isso chama muito a minha atenção, pois a palavra "família" é muito especial — a gente pensa no acolhimento, na confiança, na pureza das crianças. Um bom exemplo disso tudo é a minha própria família: tenho sobrinhos e irmã aqui na minha casa de Candomblé. Há muitas famílias aqui, esposa, esposo, filhos, netos. Confesso que são muitas famílias em grupos muito grandes. O mais interessante é que todas essas famílias, juntas aqui em casa, se tornam uma única família apenas. Nós fomos escolhidos para formar essa comunidade de Obaluaê. Eu gosto de chamar o *Ilé Àṣẹ* de comunidade, acho acolhedor, e é isso que sentimos dentro de uma comunidade. Muitos dos que estão aqui hoje me acompanham desde o início, lá onde tudo começou, no bairro de Vaz Lobo, desde 1988, quando eu inaugurei a minha casa de santo.

Meus filhos mais velhos, a mãe-pequena, o pai-pequeno e os outros que vieram de Vaz Lobo tentam manter a harmonia do início, de lá, de quando éramos bem poucos. Esses meus filhos têm a missão de ensinar, de mostrar aos mais novos, que estão chegando, como deve ser a casa de Obaluaê. É tão bonita a dedicação deles, o amor, o carinho que eles têm pela casa, por mim e por todos os filhos que nascem no axé hoje. A gente faz questão de ser aquela família tradicional, que comemora o aniversário uns dos outros, que concede o apadrinhamento a um irmão da casa. E assim vão nascendo as crianças e um convida o outro para fazer parte de um momento importante da criança, quando as apresentamos aos nossos deuses sagrados. Todo mundo aqui é padrinho de todo mundo; todo mundo aqui é madrinha de todo mundo; e a gente construiu essa família que parece não ter fim. Ela só cresce: uns envelhecem, outros têm filhos, os filhos crescem aqui dentro, também se casam, também têm filhos e vão ficando aqui... e a família só vai crescendo. Se alguém adoece, os irmãos de santo vão lá tomar conta; se a mãe de fulano está doente, o irmão vai lá tomar conta. Um toma conta do outro, um protege o outro, um está sempre junto do outro.

Falando em família, não posso esquecer de uma pessoa importante que nos deixou recentemente: o Pai Nelson, que estava com a gente desde o início. O sofrimento foi generalizado, todos ficaram muito tristes com a morte dele. Nós éramos uma família de verdade. O tempo vai passando devagar e a lembrança desta pessoa tão importante para o *ilè* fica na nossa memória.

Agora, me lembrei da história do ogã Rodrigo.[2] Foi assim que ele chegou na roça: a mãe dele desceu o morro desesperada, com ele quase morto nos braços, e invadiu o meu barracão gritando muito: "Salva o meu filho, pelo amor de Deus!". A única coisa que eu pensei em fazer, diante de tanto desespero, foi levar ele para o quarto de santo, lavar a cabeça dele e rezar para Obaluaê. Fiz um obi, colocamos a criança de branco e ele se levantou. A família dele não esquece o que eu fiz e, até hoje, tem um amor muito verdadeiro por mim, principalmente a avó dele.

• • •

Quando o Yuri estava com nove meses, eu fui levar os convites da festa de um aninho dele. Estávamos num ponto de ônibus lá em Vaz Lobo e ele teve uma crise — até hoje, não sei do quê —, ele gritava muito, subia por cima da minha cabeça, gritava... as pessoas dos ônibus paravam e falavam para eu comprar isso e aquilo, porque achavam que ele queria comer alguma coisa. Eu voltei correndo com ele para casa, entrei na rua do barracão desesperada, já abri o portão do barracão gritando, chamando alguém. Mandei chamar a minha mãe em casa; minha mãe mandou tirar a roupa dele e o calçado, que poderia ser calor, mas ele não parava de gritar. Passamos um ebó nele às pressas, correndo, e, depois, levamos ele para o banheiro para dar banho. Quando ele saiu do banho, já saiu brincando. Eu achei estranho.

O tempo passou, fizemos o aniversário de 1 aninho dele. A festinha de 1 ano foi no sábado; na segunda, ia ter toque de exu em casa, toque comum. A Poeira chamou a minha mãe, a equede Sueli, quem estava lá, e falou que eu olhasse por ele, que fizesse algo antes de ele completar três

---

2   Um dos ogãs confirmados mais antigos do axé.

Faria tudo outra vez

anos, pois ele pegaria umas cargas negativas por minha causa, por eu ser mãe de santo, e que ele tinha de ser feito para ficar protegido.

Na mesma hora, eu: "Hum, hum, não, não". Eu não aceitava a feitura de criança, achava que, quando ele crescesse, se ele quisesse, ele seria feito — e não porque eu obriguei a criança a ser da minha religião. Porque a minha religião pode não ser a religião dele. Então, eu não queria. E foi passando.

No toque do mês seguinte, meu pai de santo, na época, chegou no barracão e a pombagira dele chegou e deixou um recado para que eu fizesse as coisas do Yuri antes de ele completar três anos, porque ele pegaria muitas cargas negativas por minha causa. Comparamos os dois recados e fique desesperada. Yuri só vivia doente, era muito, muito doente; quase o perdi por conta de uma infecção intestinal muito complicada. Eu fazia ebó, fazia uma coisinha, botava uma comida e ia protegendo.

Quando o Yuri fez três anos, continuava tendo problemas sempre. Eu recolhi duas filhas de santo, uma de Xangô e outra de Ogum — o Yuri é de Xangô com Ogum —, e deixei eles aqui para ir ao Mercadão de Madureira, onde vende artigos para o Candomblé. Deixei uma pessoa para tomar conta do Yuri, enquanto eu ia comprar as coisas para eles. Quando voltei, ela falou: "O Yuri caiu, mãe de santo, só tem um galinho na testa dele, mas já está bom, está dormindo". Eu fui lá olhar a criança, quando botei o dedo na testa, era uma coisa mole, e falei: "Isso não é galo. Galo endurece na hora". Peguei a criança e fui para o hospital. Yuri ficou internado, em observação, porque tinha um coágulo, estourou uma veinha na testa, e eu morrendo de medo. A criança melhorou, voltamos. Fui durante a semana para o barracão, fizemos todas as obrigações para o pessoal que estava recolhido. Quando foi na madrugada de domingo para segunda, depois do toque, a gente estava dormindo, porque a gente dormia lá dentro do barracão, no chão, e eu senti uma quentura muito grande atrás de mim, quando virei, eu botei a mão no Yuri e ele estava muito quente, com uma febre muito alta. Eu me levantei às pressas, fiquei ali sentada no chão da cozinha com ele gemendo, gemendo... botei a mão no queixo dele, era uma papa enorme. Troquei de roupa correndo, peguei a roupa da criança, deixei um bilhete e fui para o hospital com o Yuri.

Fui para o HCPM.[3] Saí daqui de Campo Grande, subi a Carobinha com a criança no colo — ele doente, com três anos, grandão já, mas tive de ir com ele no colo —, porque não tinha condução aqui, atravessei a Avenida Brasil, peguei um ônibus e fui para a Cidade. Fui a pé do prédio da Prefeitura até o Estácio com ele no colo, sozinha. Fiquei tão desesperada que não acordei ninguém. Os médicos examinaram, não era caxumba, não era isso, não era aquilo. "Mas que caroço é esse doutor?", eu perguntava. A criança com febre e aquele caroço no pescoço. Deram os remédios, voltei para casa em Vaz Lobo. Não tinha como entrar em contato com o pessoal no barracão, porque naquela época ninguém tinha celular nem havia telefone na roça. Cheguei em casa e fui à mãe de uma ex-filha de santo minha, ela já faleceu, mas era enfermeira-chefe de um hospital, então, todo mundo corria para ela. Pedi para ela ver, ela olhou e falou:

— Olha, caxumba não é, mas tá estranho. Quer um conselho? Vai com seu filho pro barracão e faz alguma coisa.

Voltei com ele para o barracão. Quando eu cheguei lá, falei: "Meu pai Xangô, já que tem de ser feito, que assim seja!". Isso foi em abril de 1997; em maio, o Yuri fez quatro anos, ou seja, em abril ele ainda tinha três. Já que era para recolher com três anos, estava com três anos. Recolhi o Yuri, ele foi confirmado no dia 26 de abril de 1997 e o Yuri nunca mais teve problemas de saúde. Eu só precisava obedecer.

Dali em diante, eu abri para criançada, porque depois dele vieram várias. Então, eu vi que a minha vontade nunca prevaleceu, nem em relação a ele. Tem que ser feito, tem que ser feito. Quando as crianças precisam ser feitas, eu me certifico, vou no meu pai de santo, peço a ele para jogar, para confirmar, porque depois eu não quero que venha alguém dizer que eu estou recolhendo porque tenho vontade, porque acho bonitinho fazer criança... não, é preciso haver a necessidade real de chamado do santo. A Claudinha, filha da Meire, ela nasceu no barracão, o Yuri tinha dois anos quando ela nasceu. Desde que ela nasceu, frequenta o barracão, mas nunca precisou ser feita — ela foi feita agora, há dois anos. Se não precisa, não é feito. Eu sempre pensei assim: para fazer criança, é preciso que o santo peça. Depois dele, veio essa criançada toda.

---

3 Hospital Central da Polícia Militar.

Faria tudo outra vez

Como bem diz meu sobrinho, ogã daqui: "A gente tá tanto tempo junto que virou uma família de sangue: a gente briga, fica de mal, fica de bem, defende um ao outro, se abraça, ri, samba, se beija, e tá sempre junto... acabou virando família de sangue, e tudo o que tem dentro de uma família de sangue tem aqui.". Assim é a comunidade de axé de Obaluaê.

Quando me deparo com a história da minha casa, penso nessa transição que vivemos de Vaz Lobo para Campo Grande. Eu costumo chamar de "a mudança". Voltemos a Vaz Lobo, então: um barraco bem pequenininho, muito feinho, de madeira, sem quarto de santo, sem nada; ornamentávamos com carinho para dar uma outra cara àquele lugar tão simples, mas tão acolhedor. Era uma casa alugada de um quarto, uma sala, uma cozinha e um banheiro, tudo bem pequeno. Ah, e um quintalzinho nos fundos e uma varandinha pequenininha. Era tudo de madeira mesmo — uma casinha velha de madeira só para guardar o nosso santo.

Esse lugar virou um pequeno barracão, do jeito que a gente podia, do jeito que orixá quis, nada premeditado, nada sonhado. Foi acontecendo, como eu já disse. Lá, foi ficando pequeno, porque a procura foi muito grande. Havia muitas pessoas necessitadas, precisando de ajuda, de acolhimento, de aten-

Primeiro barracão de Mãe Marcia Marçal, em Vaz Lobo
Foto: acervo pessoal

ção. As pessoas foram chegando à minha casa, e aquele espaço não estava dando conta de todos. Eu não podia fazer muita coisa — dinheiro, eu não tinha; não tinha dinheiro para sair dali nem para comprar um terreno. Nunca imaginei comprar uma casa, um terreno, para fazer um barracão grande. Achei que fosse viver ali mesmo durante muito tempo. Pensava que passaria o restante da minha vida como ialorixá naquele lugar.

Um dia, fui surpreendida por minha irmã que morava em Campo Grande. Ela chegou até a mim e disse que o terreno dela era muito grande para ela, e que a metade daria para eu fazer o barracão. Fomos amadurecendo a ideia, eu fui até o terreno conhecer, achei distante demais, mas Obaluaê sabia de tudo.

Decidi aceitar a ideia da minha irmã e fomos investindo como podíamos: fizemos muita rifa, muito bingo, fomos juntando dinheiro, comprando material, juntando para pagar o pedreiro. Até que uma cliente chegou lá em casa para falar com a minha pombagira; ela conseguiu o que buscava e, em troca, deu dinheiro para comprar um caminhão de areia, um caminhão de pedra, um caminhão de tijolo e um caminhão de cimento, uma coisa assim. Isso aconteceu do nada! Compramos e levantamos o salão. Como não tínhamos como investir na construção, resolvemos fazer bingo, rifa... e mais bingo, rifa... fomos construindo. Sem percebermos, foi sendo construído. Construímos um salão com os quartinhos bem pequenininhos, construímos uma cozinha e um banheiro. E fomos seguindo naquilo ali, porque era bem simples, mas foi o que nosso dinheiro deu, e a gente foi fazendo. Não desistimos.

Quando aprontamos o que havíamos pensado, o dinheiro do aluguel de Vaz Lobo começou a fazer falta para a obra. Marquei com meus filhos de levar os santos para Campo Grande. Santo para cá, santo para lá. Eu trouxe e reinaugurei a casa no dia 29 de outubro — quis que fosse no mesmo dia para não ter duas datas diferentes. Fizemos o que tinha de ser feito e chegamos aqui no dia 29 de outubro de 1995, exatamente sete anos após eu ter inaugurado a casa em Vaz Lobo. Houve até quem dissesse que a gente estava se dando mal, porque viemos para Campo Grande, um lugar tão longe: "A vida não estava boa, só pode", mas se enganaram. A gente ficou muito bem, tínhamos uma sala maior para os nossos orixás dançarem, estávamos num espaço maior para cultuarmos a nossa fé. De lá para cá, de

Faria tudo outra vez

Praça Omorodessi no *Ilé Àṣẹ Olúwàiyé Ni Ọya*
Foto: Marcelo Moreno

1995 para cá, as coisas só foram melhorando — a família foi aumentando, a casa foi crescendo e, hoje, a gente está nesse barracão desse tamanho todo.

A humildade continua, porque orixá é isso: humildade, pé no chão, realidade. A gente continua com o mesmo jeito do começo, mas a vinda para cá foi mais um presente da vida, mais um presente do orixá, mais um presente dos deuses. A gente veio para cá e ficou muito bem aqui.

Em 2003, eu me mudei para cá também. Comprei o meu terreno, construí a minha casa e vim para cá também. Estou aqui com eles todos os dias da minha vida. Não deixo de vir um dia sequer — só se eu não estiver no Rio. Caso contrário, estou na minha casa de santo todos os dias.

Eu tenho muito orgulho de ser ialorixá, porque eu fui escolhida pelos orixás. Se eles me escolheram, eu não posso decepcioná-los de jeito nenhum. Tenho uma paixão enorme pelo meu barracão. É muito grande mesmo! Eu paro, fico olhando e penso: eu sou a zeladora daqui; eu sou a ialorixá daqui. E me questiono: como eu consegui? Sabe quando você fecha os olhos, dorme e no dia seguinte, quando acorda, está tudo pronto? Quem foi que fez? É assim com a minha casa de Candomblé. Parece que eu caí num sono lá atrás e, quando acordei, estava tudo pronto. O que é isso? Que mudança foi essa?

Eu queria que as pessoas, principalmente as que estão chegando agora, entendessem que a fé se fortalece da fé. Eu agradeço muito aos orixás, eles sabem de todas as coisas. É por isso que eu me entrego. Peço tanto aos meus filhos de santo: "Vão de coração, se entreguem, porque a gente não tem nada a perder. O mundo não tem nada a me oferecer, mas orixá tem".

Eu posso deixar qualquer coisa lá fora sem me arrepender. Não estou perdendo nada, muito pelo contrário: estou me fortalecendo, porque a gente recebe um fortalecimento fora do comum. Como aquela menina que passou por tanta coisa se tornou essa mulher? É aí que parece que eu dormi lá e acordei aqui. Esse caminho tão sofrido, eu não vi mais. Parece que Obaluaê tirou do meu caminho.

É isso que eu queria que as pessoas entendessem: isso tudo só aconteceu por causa da minha entrega. Eu quis me entregar desde sempre, sem pensar em nada, sem pensar em ter alguma coisa. Eu só pedia — e peço — proteção e sabedoria. Nossa, como eu peço! Sabedoria para tomar as decisões certas nas horas certas. Para não errar com ninguém, nem comigo mesma. E isso eu ganho, porque se tem uma coisa que eu amo de verdade é orixá.

É um amor muito grande. Quando o meu amor nasceu, eu nem sabia o que era amor; só sabia que precisava estar ali. Eu me sentia tão bem vendo aqueles santos dançando, e eu, enlouquecida, no meio daquilo tudo. Eu pensava que não existia nada na vida melhor do que aquilo. Na verdade, não existe. Naquela época, já era amor, mas eu não tinha essa noção. Eu não sabia nada em relação a sentimentos; só tinha nove anos. Eu só sabia que queria estar ali. Depois de adulta, é um amor consciente, sei que é amor. Quando criança, não. Criança, eu só queria estar.

Não existe nada que eu goste de falar mais do que de orixá; do amor que eu sinto por eles. Eu gostaria muito que as pessoas, em especial as que estão nascendo agora, já viessem com essa vontade, com essa entrega, com esse amor, porque orixá é lindo, orixá existe, orixá responde, mas é preciso que o coração esteja preparado para isso. Orixá conhece o que sai do nosso coração, conhece o nosso sentimento, é *òfé okàn*, conhece o sentimento que sai do nosso coração.

Que o nosso sentimento seja verdadeiro para que o orixá responda às nossas necessidades!

Faria tudo outra vez

Comemoração dos trinta anos de
fundação do *Ilé Àṣẹ Olúwàiyé Ní Oya*
Foto: acervo pessoal

FARIA TUDO OUTRA VEZ

6

Memórias da maturidade

Mãe... falar da minha mãe é complicado, porque ela era tudo o que eu mais amei na vida. Talvez seja por isso que ela me veio à mente quando fui questionada sobre as minhas memórias como uma mulher madura.

Eu não amava a minha mãe só porque ela era a minha mãe; eu amava a minha mãe porque ela representava algo muito maior que isso. Não sei explicar direito. Essa era a minha visão quando criança e, com certeza, é a que tenho até hoje, a diferença é que sou adulta, mas o sentimento é o mesmo. Estou querendo dizer que sempre tive um carinho muito especial pela minha mãe, uma ligação entre vidas que, como disse, é difícil de decifrar. Durante certo momento da vida, ela era a única pessoa que eu tinha; se eu perdesse a minha mãe, certamente, a minha vida acabaria — isso eu pensava antes de ela partir, desde criança. Quando a minha mãe morreu, meu mundo quase foi junto; só não foi por causa de Obaluaê. Eu já tinha uma casa de Candomblé; então, foram os donos dessa casa que me seguraram, com certeza.

A minha mãe era uma mulher guerreira, lutadora, mas a minha mãe sofreu, minha mãe bebeu muito, e quase se entregou. Nesses momentos, eu ficava com pena da minha mãe, ficava do lado dela, protegendo-a, tomando conta dela... ela caía na rua, dormia, às vezes, porque ficava bêbada demais, e eu ficava ali do lado dela, tomando conta dela. Nunca a abandonei.

Era difícil ver os moleques zombando dela quando ela estava embriagada e sem forças para viver. Não respeitavam as pessoas bêbadas, como até hoje acontece. Eu tinha medo de que fizessem alguma coisa com ela; então, eu ficava ali até que aquela bebida acabasse, ela despertasse e a gente pudesse ir para casa. Eu me lembro de que, uma vez, eu estava com tanto medo e com tanta raiva dessa situação que, quando consegui colocar a minha mãe para dentro de casa, eu tranquei tudo e a deixei presa em casa por horas — para que ela não saísse e se embriagasse novamente. Não adiantou muita coisa: ela pulou a janela e voltou para a rua, mas eu fui atrás. Fui atrás porque ela estava bêbada mesmo; e ela não se machucou porque era uma janela pequena. Fui atrás dela sem que ela me notasse, e meus amigos de confiança também me ajudavam a tomar conta dela quando isso acontecia.

Eu nunca deixei a minha mãe bêbada na rua; nunca abandonei a minha mãe bêbada. Quando ela saía para ir à casa de um tio, de alguém ou em uma festa, eu sempre a fazia companhia. Normalmente, eu estava junto dela; mas, se por algum motivo, eu não fosse, eu não me tranquilizava até ela voltar. Enquanto ela não chegasse em casa, eu não tinha paz, não tinha sossego. Eu queria a minha mãe dentro de casa comigo. Com ela dentro de casa, eu ficava mais tranquila, porque sabia que ela estava ali. Ela também pensava assim quando eu ia catar meus lixos, minhas coisas, minha xepa... bastava eu chegar para que ela se sentasse ao meu lado e iniciasse um choro sem fim. Vendo aquilo, ela se entristecia muito, mas sossegava quando eu estava dentro de casa. Ela também gostava muito da minha companhia.

Eu vi a minha mãe chorando poucas vezes. Uma vez, quando tinha uma comida que ela queria me dar e o rato caiu dentro; por isso, ela me deu café com farinha. A outra vez foi no dia das mães, quando eu fui para feira, juntei dinheiro e vendi as coisas e pude comprar um presente para ela: um escorredorzinho de plástico, comprei também banana, laranja e umas frutinhas. Coloquei tudo dentro do escorredor e dei a ela como presente de Dia das Mães. Ela chorou muito. Naturalmente, eu quis unir o útil ao agradável: dei o presente a ela para eu comer também — sempre me considerei muito inteligente. Voltando ao presentinho que dei à minha mãe, ela chorou muito, quando eu entreguei para ela, fiquei muito satisfeita.

Vivi a minha vida... vivi quarenta anos da minha vida amando a minha mãe. Vivi quarenta anos da minha vida lutando pela minha mãe, para não a deixar sofrer. Não foi como eu queria, porque eu queria dar a ela uma vida de rainha, de verdade, para compensar o que a vida tirou dela — ou que deixou de dar. Eu não consegui dar a vida que eu queria, mas consegui dar a que eu pude. Tenho a certeza de que, ainda assim, ela era feliz, porque o pouco que eu tinha eu ofertava para ela — para que não faltasse tanto.

De vinte anos para cá, depois que ela se foi, tenho a certeza de que, onde ela estiver, ela está numa felicidade só, ela está numa alegria só, ela está radiante de felicidade... ela é uma luz brilhante! Tenho a certeza de que, onde ela estiver, ela está iluminando tudo, porque ela está brilhando de felicidade por ver o lugar em que Obaluaê me colocou, por ver a vida que Obaluaê me deu, por ver a mulher que Obaluaê me tornou. Ela está vendo, de onde ela estiver, a filha que não quis estudar, mas que, ainda assim, Obaluaê abraçou, pegou pelas mãos e tomou conta. Eu sei que ela virou

Dois grandes amores de Mãe Marcia: dona Geni no aniverário de sete anos de Yuri
Foto: acervo pessoal

Mãe Marcia sendo homenageada na Câmara Municipal do Rio de Janeiro
Foto: acervo pessoal

uma estrela que brilha muito, brilha muito de felicidade por ver tudo isso.

• • •

Eu não consigo entender como as pessoas mudam tanto. Não consigo! Já parto do princípio de que, hoje, eu estou num patamar bem alto dentro da religião; mas eu tenho muita dificuldade em me ver neste lugar. Tenho muita dificuldade... não sei. Eu falei para minha filha de santo: "Talvez você, me vendo daí para cá, consiga me ver, e outras pessoas consigam, mas eu não consigo me ver nesse lugar que as pessoas me colocaram, não".

Continuo sendo a mesma pessoa, mesmo com tantas mudanças que estão acontecendo. Hoje, gosto de poder fazer, gosto de poder falar, gosto de poder saber que eu não dependo mais de ser maltratada para conseguir alguma coisa, de saber que as pessoas que me maltrataram, hoje, vêm aqui e eu as ajudo de coração — não guardo esse peso do que elas deixaram de fazer ou do que fizeram de errado comigo. Eu não consigo me ver nesse lugar. Eu gosto, mas não por vaidade — não tenho vaidade, principalmente em relação a orixá. Eu gosto por não depender de mais ninguém, porque DEPENDER é a PIOR coisa do mundo.

Eu pedia dinheiro de passagem para alguém: "Tem 5 para eu ir em tal lugar?". Às vezes, não tinha nada na minha casa e eu pedia dinheiro de passagem para ir em Jardim Redentor na casa da minha irmã ver se ela tinha um arroz, um feijão, alguma coisa para mandar para gente; ficava pedindo dinheiro de passagem a um e a outro. Quando o gás acabava na minha casa, eu pedia dinheiro emprestado a todo mundo para comprar; ou ia num senhor lá na Rua Aracuã que vendia fiado. Hoje, isso não acontece; quando o gás acaba, eu posso comprar: "Não tem sei lá o quê?", "Compra".

Hoje, se eu quero comer uma carne, eu posso. Se eu quero comer um peixe, não como porque não gosto, mas posso. Se quero comer um camarão... fui em Campo Grande porque eu queria comer camarão — eu

Mãe Marcia Marçal, em 2009, no Coliseu em Roma
Foto: acervo pessoal

gosto de risoto de camarão —, e fui a um mercado caríssimo aqui da região. Há alguns dias, fui correndo comprar uma roupa por causa de um evento que ia participar. Olhei o vestido:

— Você tem dele no número 46, GG ou alguma coisa assim?

— Não, não tem — respondeu a menina.

— E esse aqui?

— Esse aqui é bem mais caro.

— A única coisa que hoje não me importa na vida é o preço do que eu gosto. Tanto que, se tiver, eu quero dois de cores diferentes, porque eu tenho esse hábito de que quando eu gosto das coisas eu compro dois. Você tem?

Ela foi lá dentro ver:

— Não tem desse tamanho.

— Que pena, você vai deixar de ganhar sua comissão, porque eu queria o vestido CARO.

Ela olhou para mim e eu não perguntei preço; perguntei se tinha o modelo. Aí, já falou logo "bem mais caro", ou seja, "essa daí não tem dinheiro para comprar o que é mais caro". Essa daí — eu — não tem dinheiro para comprar o mais caro? Compro o que eu quiser comprar e acabou. É isso e pronto! Vou levar? Vou levar!

Muita gente fala: "Tá metida", "Marcia é muito metida". Gente, é tão fácil a gente olhar para as pessoas e achá-las metidas; difícil é saber o porquê de ela ter esse escudo. Difícil é procurar saber o porquê de a pessoa ter um escudo de metida.

Eu me defendo no carão mesmo. Em 90% da minha vida, eu sou humildade pura, simplesmente; os 10% restantes eu só manifesto se eu perceber que alguém quer me derrubar. Se eu perceber que alguém quer me derrubar, na mesma hora, se eu perceber...

Quando o Yuri foi fazer um show no Vivo Rio, chegamos lá e eu não queria ficar no camarim; queria ficar com os meus filhos de santo. Eu estava sem graça, porque eram artistas, amigos do Yuri. Aí, ele chegou para mim e falou:

— A produção quer que você abra o show do Vivo Rio para mim. A produção decidiu agora. A senhora pode subir lá e falar o que a senhora quiser.

— Como assim, Yuri?

— Mãe, fala o que a senhora quiser falar. A senhora tem de 5 a 7 minutos para falar o que quiser. Quando a senhora acabar de falar, a senhora só vai me apresentar.

— Tá bom — respondi, mas pensei: "Nossa, o que eu vou fazer?".

O assessor dele me levou para o camarim. Fiquei para lá e para cá, para lá e para cá: "Deuses do teatro, me ajudem... Deuses do teatro, não! Obaluaê, me ajude!". O que eu faço? O que eu falo?

O menino que abria o show dele já estava terminando. As cortinas estavam fechadas, ele estava ali falando — eu aqui atrás —, quando ele terminasse de falar, ele ia entrar, me dar o microfone e eu ia sair. Veio a produtora:

— Dona Marcia, fica lá atrás que a senhora já vai entrar.

— Ai, meu pai Obaluaê! — Eu ainda não sabia o que ia falar. — Meu pai Obaluaê, abençoa. O que eu faço?

Abriram a cortina, eu pisei no palco. Quando pisei no palco, o teatro estava lotado, eram duas mil pessoas. Quando eu pisei no palco, precisava ver a gritaria. Eu fiquei muito assustada! Não imaginei que duas mil pessoas iam me aplaudir. Os filhos de santo que estavam choraram de emoção. Eles choraram de emoção quando viram todo mundo gritando. Meu pai de santo ficou emocionado. Eles sabiam que eu falaria, mas não sabiam como seria a recepção. Gritavam como se fosse uma cantora importante que estivesse pisando naquele palco. Sem saber, sem entender, olhei para o camarote: todos de pé me gritando, e eu sem entender nada. Comecei a falar:

— Boa noite, gente. Vocês não estão entendendo o que eu estou fazendo aqui... nem eu. — Todo mundo começou a rir. — Porque aqui é um show de comédia, eu não sou comediante, não entendo nada de comédia, mas a produção me convidou e pediu para eu falar. Eu sempre tive o desejo de ser mãe, sempre falei que eu daria tudo o que eu não pude ter para o meu filho, estou falando de estudo, que é o melhor bem que a gente pode deixar pra um filho. Eu tive esse filho e fui botar ele pra estudar. Aprendeu a ler com quatro anos, sempre foi muito inteligente, e o tempo foi passando e ele foi estudando. Meu filho entrou pra a faculdade, a felicidade da minha vida foi ter meu filho na faculdade, mas eu fui vendo o meu filho cada dia mais triste, passava direto pro quarto, nem via ele

Faria tudo outra vez 111

chegar. E não falava nada. Um dia, eu chamei ele pra conversar, porque, pra mim, tinha acontecido alguma coisa. Perguntei se estava tudo bem, o que estava acontecendo, não faltava nada para ele. Na medida do possível, ele tinha tudo. Por que ele estava tão infeliz, tão triste? Ele começou a chorar e não soube me dizer, mas eu percebi que tinha algo, sim, porque um garoto tão triste, sem precisar de nada, alguma coisa estava acontecendo. Ele chegou perto de mim e pediu para fazer teatro. Eu sei que teatro faz muito bem, porque eu passei uma parte da minha vida no teatro. Teatro ajuda, teatro liberta. E eu deixei ele fazer teatro, e ele foi fazer teatro, desde que não atrapalhasse os estudos.

Silêncio total. Continuei:

— E ele foi. Daí, fui vendo meu filho mudando um pouco mais. Já falava um pouco mais, já sorria... coisa que ele não fazia dentro de casa era sorrir. Um dia, ele veio falar comigo que ia fazer um curso de comédia. Deixei, porque eu queria que ele ficasse bem. Um dia, ele veio falar para mim que começou a trabalhar; que não podia terminar o curso; que ia ficar sem tempo; que ia trancar a faculdade. Eu fiquei muito triste, mas entendi, porque eu via o meu filho sorrindo dentro de casa. O meu filho chegava e falava comigo... meu filho brincava. Ali, eu entendi que eu estava fazendo o meu filho viver o meu sonho. E não apenas o sonho dele. Eu estava exigindo que ele fosse o que eu queria ser, não o que ele queria ser de fato. Eu estava fazendo um filho infeliz porque eu queria a felicidade dele. Eu descobri que aquilo que ele estava fazendo fazia dele mais feliz. Fiquei triste, mas concordei com a saída da faculdade. Hoje, meu filho é outro. Estou falando isso para que vocês deixem os filhos de vocês viverem os sonhos deles. Fiquem mais perto deles para amparar se alguma coisa der errado, mas não tentem obrigá-los a viver o sonho de vocês, porque, se isso acontecer, vão ter um filho triste. Hoje, tenho um filho que me faz rir, faz a minha família rir, e ele também está aqui para fazer vocês rirem. Meu filho é Yuri Marçal!

Olha, a essa altura, o teatro todo estava chorando. Quando abriu a cortina, o Yuri estava atrás de mim chorando. Eu me virei e ele me agarrou. Aí, o teatro veio abaixo. Todo mundo gritando, batendo palmas... O Yuri virou para a produção lá atrás e falou: "Cara, é a minha mãe!". Nem ele

Mãe Marcia Marçal

imaginou o que eu falaria. Esse dia mexeu com todo mundo. Tinha gente chorando, batendo palma... pessoal daqui de casa tudo chorando...

Foi muito louco aquilo. Eu tive de sair do teatro fugida, porque todo mundo queria falar comigo. Tirei algumas fotos, mas me mandei, porque, embora tenha sido um dia feliz, eu estava muito assustada com tudo aquilo. Foi muito louco. Aquele dia, eu nunca mais vou esquecer.

No dia 21 de dezembro de 2018, o Yuri me deu um ingresso para ver o show da Alcione no Vivo Rio. Eu, sentada ali, pensando: "Como eu queria estar ali naquele palco abraçando a Alcione. Como eu queria subir ali para falar com ela. Como eu queria ir naquele camarim dar um abraço nela". Era uma fila enorme, então fui embora. Três meses depois, quem estava naquele palco era eu; quem estava naquele camarim era eu! Isso não é muito louco? Muito louca, a vida. Há coisas que estão reservadas para mim... são muitas surpresas, é muito estranho isso tudo.

Depois, o Yuri falou comigo que era finalista do prêmio do ID,[1] Igualdade Racial, e eu falei: "Vou contigo". Tenho uma lembrança de quando eu fazia teatro em Copacabana. Eu saía e vinha andando pela orla; aquele monumento, aquele prédio lindo, me encanta até hoje. Eu, olhando para o Copacabana Palace, pensava: "Queria tanto entrar ali um dia", "Como eu queria entrar aqui um dia". Nas minhas fantasias, brinco muito que sou, que fui o que não sou, que sou o que não fui; e eu pensava alto: "Eu ainda vou passar uma noite ali". Quando criança, eu falava assim: "Eu e mamãe vamos passar as férias deste ano ali no Palace".

Quando o Yuri foi chamado para a entrega do prêmio lá em Copa, a primeira coisa que ele falou foi: "Vou te levar". Sabe, quando eu cheguei no Copacabana Palace, que era um sonho da minha vida, o Yuri não deixou barato. O Yuri, lá no palco, disse: "O sonho da minha mãe era entrar no Copacabana Palace". Eu ouvi aquilo e fiquei imaginando... a cabeça foi longe, lá no passado.

Entrar no Copacabana Palace, nossa senhora! Aquilo ali mexeu com tudo, com tudo na minha vida, e eu revivi tudo, porque aquilo ali dentro

---

[1] Prêmio Sim à Igualdade Racial, uma iniciativa do Instituto Identidades do Brasil (ID_BR). Na edição de 2019, Yuri Marçal foi vencedor na categoria "Representatividade em Novos Formatos".

Faria tudo outra vez

Mãe Marcia Marçal e Yuri Marçal no Copacabana Palace, em 2019, durante a cerimônia de entrega do prêmio Sim à Igualdade Racial
Foto: acervo pessoal

é um mundo de luxo. Só que eu entrei, assim, com o seguinte pensamento: "Eu aqui sou minoria". É empresário, é artista, é jornalista, e eu não era NADA. Nada em comparação a eles, mas como eu não me diminuo por ninguém, eu sabia que eu era a Marcia.

Entrei com o Yuri, aquela escadaria, tapete vermelho, pessoas nos levando até a mesa. Quando entrei, todo mundo olhava para mim. Falei baixinho para o Yuri:

— Por que eles estão olhando tanto para gente?

Continuamos entrando. Paramos. Aí, veio um amigo do Yuri falar direto comigo. Os outros também. Eles estavam concorrendo junto com Yuri.

— Mãe, ele quer conhecer a senhora.

Ele me abraçou e me beijou.

Eu e Yuri ficamos ali parados; o garçom veio com champanhe e serviu a gente. Eu estava tomando champanhe no Copacabana Palace! Não estava acreditando naquilo. Só queria que a minha mãe estivesse viva. Eu falava para o Yuri:

— Só queria que a mãe tivesse viva.

Fomos para a varanda. Era uma terça-feira. Quando estava indo para o almoço, parei e fiquei olhando aquela varanda. Agora, estava ali conversando com um jornalista. Ficamos na varanda e ele pediu para o filho dele tirar uma foto nossa. Eu peguei meu telefone — não queria fazer vergonha — e falei:

— Tira com o meu também.

E tiramos aquela foto abraçados.

Entrei, o garçom nos serviu de novo. "Eu não vou beber muito champanhe, porque, daqui a pouco, estou bêbada aqui", pensei. Bebi um copo d'água e entramos.

Quando eu passei, uma atleta brasileira ficou me olhando. Quando paramos no outro salão, mais artistas falaram com o meu filho. Conduziram a gente para a sala de jantar. Que sala de jantar! A sala de jantar era tão linda, a mesa de jantar era tão linda! Eu, que não estou morta, queria uma mesa de jantar igual no meu aniversário de sessenta anos. "Essa que eu quero igual à do Copacabana Palace. Essa mesa que eu quero", pensei.

Faria tudo outra vez

Foram conduzindo a gente pela sala e todo mundo me olhava. Eu não reconhecia as pessoas, mas notei que me olhavam. A nossa mesa foi a primeira. Eu e Yuri: a primeira mesa, assim, de cara. Aí, começou o show, começaram a chamar as pessoas, falar os nomes de quem estava ali, falar sobre o prêmio ID de Igualdade Racial. Olhei para o lado e a atleta famosíssima:

— Benção, mãe Marcia.

— Meu pai abençoe. Benção.

Uma artista famosa, além de ser premiada, foi apresentar o prêmio e disse:

— Pra mim, é uma honra, é um prazer, estar aqui com tanta gente importante; pessoas que eu admiro, mesmo sem nunca ter chegado perto, mesmo sem conhecer. Mas, para mim, uma pessoa de suma importância é a Mãe Marcia Marçal. Mãe Marcia, a senhora, no mundo de hoje das mulheres, a senhora é uma das mais importantes.

— Yuri, o que que é isso? — cochichei.

Todo mundo batendo palma.

— Obrigada, obrigada! — E, cochichando: — Quem é Yuri?

— Jornalista daquela emissora, mãe.

Que dia inesquecível, meu pai Obaluaê!

— Até ela, Yuri? Obrigada!

Até ela! Ela lá de cima do palco. Por dentro, eu estava enlouquecida, sem entender o porquê daquilo tudo, sem entender o que estava acontecendo na minha vida, como não entendo até hoje.

Quando o Yuri ganhou o prêmio e foi chamado no palco, ele:

— Gente, esse prêmio não é meu não. Esse prêmio é para a minha mãe, porque minha mãe...

Aí, ele começou a falar de mim, como eu falo da minha mãe.

— A minha mãe, quando ela soube, ela falou: "Eu vou contigo porque o meu sonho é entrar no Copacabana Palace".

— Ai, que lindo, Mãe Marcia! — comentou a Juliana Alves.

Aí, todo mundo começou a bater palmas, os repórteres vieram para cima de mim e a Juliana Alves:

— Fica de pé, Mãe Marcia. Mãe Marcia, fica em pé.

— Não precisava ele falar isso, né? — falei para ela.

Todo mundo tirando foto. Mandou que eu ficasse de pé, fiquei. E todo mundo me aplaudindo.

Quando eu saí, quando terminou tudo, eu queria ir embora, porque, quando eu vou nesses eventos com o Yuri, a minha intenção é ir, mas não atrapalhar. Filho não tem que ficar ali com a mãe tomando conta; ele tem de expandir, tem de ficar com o pessoal dele. Ele fica preocupado de me deixar sozinha, então, eu vou, mas, no momento certo, eu vou embora. Eu sei quando é o momento da minha saída. Aí falei:

— Yuri — ele ia embora com um povo que veio no aniversário dele —, eu vou embora, porque eu vou para equede Kátia. Vou dormir lá. — A equede Kátia mora lá perto. — Você fica aí com o pessoal.

Aí, quando eu estava saindo, com ele:

— Já vai, Yuri?

— Não, vou botar a minha mãe no carro.

Quando eu desci e passei, todos os homens das duas mesas da ponta ficaram de pé e vieram beijar a minha mão — jornalistas famosos que eu não lembro o nome e dois empresários americanos. Eles falaram para o Yuri: *"Oh, oh my mother"*. Aí, eu: "Sim". "Entendi, sou a mãe", pensei e respondi: "Sim". Ele me abraçou. Os dois americanos eram jornalistas também, e os outros jornalistas daqui haviam falado de mim para eles. Não entendi nada.

— Mãe, tão falando de você — comentou o Yuri.

Eu fiquei encantada com aquela situação. Aí, veio o Rodrigo França, que me agarrou:

— Mãe, que prazer!

— Não me abraça, não, que você deu mole praquelas brancas no *Big Brother* — rimos —, você deu mole praquelas brancas lá no *Big Brother*.

— Mãe, a senhora não sabe como é aquilo lá — ele respondeu. — Já vai embora?

— Vou, porque eu tenho compromisso.

Não era isso. Queria deixar o Yuri à vontade, era o momento dele. Já tinha feito a minha parte ao acompanhá-lo, mesmo porque não estava fazendo parte. Eu é que queria estar lá mesmo. Precisava deixar ele brilhar. Agora, se eu fosse uma das escolhidas, bom, de qualquer forma, eu já es-

Faria tudo outra vez

taria com ele, porque ele foi selecionado para apresentar. Ele foi chamado para apresentar. Então, eu falei para ele:

— Vou contigo!

— Não, tu vai!

De qualquer forma, já vou com ele na apresentação, já vou estar lá. Como um montão de gente começou a me indicar para o prêmio desse ano — eles me indicaram como liderança —, se a minha indicação for aceita, já vou estar lá.

Fui de plateia, assisti e, em seguida, posso estar lá concorrendo, mesmo que não ganhe. Estar ali, para mim, foi muito mágico... Quando eu estava saindo com o Yuri, falei:

— Estou indo, fica aí, mas tenha certeza de uma coisa.

— O que, mãe?

— Eu vou voltar — falei para ele. — Eu vou voltar!

— Eu acredito. O que tu não fala, mãe, que não acontece?

— Eu vou voltar. E vou voltar!

Sempre digo que o que está acontecendo na minha vida não tem explicação. Não existe uma explicação que não seja espiritual. É espiritual, sim, porque o Yuri e eu começamos a brilhar, a sermos reconhecidos, ao mesmo tempo. Ele por ele e eu por mim. Eu não misturo as coisas. Eu não estou neste lugar porque tenho um filho artista. Ele não está neste lugar porque a mãe dele ficou pública demais. Não! Cada um tem o seu momento.

Então, lá era ele. Eu fui acompanhando, mas lá eu também fui reconhecida, porque todo mundo me reconhece por onde eu passo. Fui lá, mas sabia: "Hora de sair; agora é com ele".

Por isso eu digo que é orixá. O que Obaluaê quer, acontece. Eles, os orixás, não estão deixando a gente se perder. Não estou me perdendo do Yuri, nem ele de mim; eles estão fazendo a gente caminhar juntinho.

A gente sempre se encontra nesses lugares. Lá atrás, ninguém quis a gente. A gente sempre se encontra nesses lugares que a sociedade diz não ser nosso, mas a gente está se encontrando nesses lugares — eu e ele. A gente está se encontrando no lugar que é nosso por direito.

Quem olha, acha que isso tudo aconteceu agora, mas é uma história de 32 anos. Nesse tempo todo, eu não planejei. Aconteceu.

Mãe Marcia Marçal

Eu não sei o que aconteceu comigo, o que eu me tornei. Eu tenho dificuldade de me enxergar com 61 anos, porque a minha infância está muito perto. Quando eu falo da minha infância, eu não falo de uma infância de cinquenta anos atrás; é uma infância de um ano atrás. Eu não vejo essa diferença, essa distância tão grande. Para uma mulher de 61 anos, a infância está lá longe, e eu não vejo isso, essa distância.

As pessoas só me elogiam, mas eu penso que eu não sou isso aí. Eu sempre falei com o coração; eu falo o que eu sinto. Eu só sei amar a minha religião. O lado ruim do Candomblé e da Umbanda é das pessoas que seguem, eu só quero ficar com o lado bom. Quando a gente é sincero e fala a verdade, a gente alcança as pessoas.

O Ilé Àṣẹ Olúwàiyé Ni Ọya
Foto: Marcelo Moreno

Mãe Marcia Marçal no *Ilé Àṣẹ Olúwàiyé Ni Ọya*
Foto: Marcelo Moreno

FARIA TUDO OUTRA VEZ

7

Racismo e intolerância religiosa

Mulher preta sofre o tempo todo, não é mesmo? Mesmo com tudo o que passamos e, principalmente, os nossos ancestrais, eu me admiro, e acho que todas devem fazer o mesmo. Não importam as dificuldades, temos de seguir sempre. Como eu disse, eu sou uma pessoa que admiro muito as minhas atitudes.

Sou uma mulher preta, não tenho estudo, mas eu soube, perfeitamente, me colocar na vida — com certeza, com a ajuda dos orixás. Sempre digo que não vim ao mundo a passeio — não vim, mesmo —, e isso se estende à religião. Eu não sabia que chegaria aqui, aos 61 anos, e encontraria o mundo desse jeito. A vida foi me ensinando a me posicionar, a saber resolver os problemas e a falar na hora certa. Ser mulher e preta no mundo de hoje é saber se posicionar, é saber defender as suas causas, é ter aquele sentimento acolhedor, é ser mãe. Ser mãe é cuidar das pessoas, e é saber ouvir também.

Hoje, sim, eu me posiciono: sei quem eu sou, o que estou fazendo aqui, o que eu vim fazer aqui. Não sou melhor que ninguém, mas também não sou pior. A minha cor não é melhor que nenhuma outra, e nenhuma outra cor é melhor que a minha. "Somos todos iguais". De fato, não é assim, mas eu quero que seja, ponto. Ninguém vai me diminuir pela cor da minha pele, de jeito nenhum. Sou uma mulher preta, não sou diferente das mulheres que têm estudo, não sou diferente das mulheres da classe alta que têm muito dinheiro — até posso não ter, mas não sou diferente delas. Isso, para mim, é saber o meu lugar, me valorizar e saber me posicionar.

Ser mãe, sim, eu soube ser. Soube educar meu filho, soube mostrar para ele o nosso lugar na sociedade. Soube mostrar para ele a necessidade de respeitar as pessoas para elas também o respeitassem. Soube mostrar para ele que a gente tem de exigir, impor, querer respeito. E é isso que a gente faz! Soube mostrar para ele, como estou mostrando para o meu neto, que o nosso direito termina quando o direito do outro começa. Mas, em contrapartida, o direito do outro termina onde começa o nosso. Então, ninguém vai fazer nada contra a gente; a minha cor é diferente da deles, mas inferior não é, não. Só é diferente porque o direito de todo mundo termina onde começa o meu. Ser uma mulher preta, mãe e avó, para mim, é maravilhoso; eu sei ser o que sou. Sei ser preta, ser mãe, ser mulher e ser avó; e com a ajuda que tenho — a dos meus orixás —, não temo nada, nem me diminuo.

Uma mulher preta de axé, do meu ponto de vista, é aquela que sabe se impor, sabe impor respeito, porque o respeito já vem com a mulher preta e, sendo de axé, mais ainda. Ter o que a gente tem, carregar o que a gente carrega, em se tratando de axé, é muito importante, é muito lindo e é muito bom. É trabalhoso, é preocupante, é respeitoso. Na verdade, "preocupante" na visão das pessoas que não conhece a rotina de um terreiro. Quando a gente tem axé, como o próprio nome diz, tudo é bom, tudo é maravilhoso. Axé é luz, axé ilumina! Se eu sou uma mulher preta de axé, eu tenho tudo isso. Se eu tenho tudo isso, eu consigo distribuir para os meus filhos, meus netos, minha família. Talvez, se eu continuar falando sobre o que é ter axé, eu acabarei sendo repetitiva, porque, de fato, a minha vida gira em torno disso.

A minha vida gira em torno do fato de eu ser de axé; em torno de eu pertencer a uma casa de Candomblé; em torno de eu ser a zeladora de uma casa de Candomblé. Eu só sou a Mãe Marcia, porque sou uma mulher de casa de santo, sou uma mulher de axé, sou uma mulher de Candomblé. Por ser uma mulher de Candomblé, me tornei o que sou hoje, quem eu sou hoje. Então, ser uma mulher de axé, uma mulher preta de axé, para mim, é nada mais, nada menos, do que ser uma mulher vitoriosa.

· · ·

Às vezes, "tem coisas que eu não quero me envolver" — penso assim constantemente, porque é mais confortável para mim, mas preciso confessar que estou errada. Hoje, eu vejo que penso errado. Antes de trazer o racismo, vou dar um exemplo prático: por vários anos da minha vida, eu nunca quis saber de política; os anos se passaram e hoje eu vejo que pensava errado. Entendo hoje, por exemplo, que existe a necessidade de sabermos ou entendermos um pouco da política do nosso país. A partir do momento em que a gente vive, a gente já está incluído na política, já está envolvido na política, mesmo sem querer. A política envolve a nossa vida, mesmo sem a gente querer, é assim que funciona. A vida é política.

Da mesma forma que eu nunca quis saber de política — porque cansava —, eu nunca quis me envolver em questões raciais públicas. Errada novamente, mas, para mim, preconceito racial é tão abominável que, naturalmente, a mente anula a existência.

Antes da internet, antes de tudo isso aí, a gente sabia que o preconceito existia, mas não era tão evidente, porque não existia rede social para mostrar. Hoje, está mais que nítido, e qualquer pessoa tem acesso às mais bizarras formas de preconceito praticadas por causa da cor da pele.

Eu sinto que o racismo ainda é muito forte em nosso país. Eu tenho ódio, eu tenho raiva disso; eu quero entender o porquê de aquela pessoa cometer tal ato ou falar algo discriminatório. Eu não aceito! É algo que me incomoda muito.

Hoje, na minha casa de Candomblé, quando percebo que algum filho se expressou desrespeitosamente ou reproduziu uma brincadeira de mau gosto que envolve a questão racial, mesmo sem perceber, eu reprimo na hora. Acredito que não vale a pena brigar — no sentido físico da coisa —, precisamos conversar, debater sobre o assunto e trazer as nossas experiências de

Faria tudo outra vez

vida sobre a questão racial. As pessoas de pele branca, e mesmo as de pele mais clara que a preta, estão sempre se colocando em um lugar de superioridade. Por que nós, pessoas pretas, não podemos nos colocar também? Qual a diferença entre um jovem branco e o meu filho, por exemplo, um jovem preto? Por mais que o mundo seja desigual, e isso é muito triste, precisamos lutar pelos nosso espaço e pelas nossas conquistas. É tão simples!

Não sei em que momento da vida alguém disse para os brancos que ainda hoje eles têm esse direito. Estou me referindo àqueles que são tão naturalmente preconceituosos que nem percebem quão pobres de espírito são. Não entendo por que, ainda hoje, existem pessoas que odeiam a outra porque ela é preta. Sempre percebo um sentimento de superioridade em alguns brancos. Eu, de verdade, não sei quem deu para eles. Por exemplo, se algum branco vier para mim com esse argumento ou com essa atitude — de querer ser mais do que eu por causa da cor da pele —, ele vai encontrar uma resposta... vai encontrar resistência... resposta.

Um tempo atrás, eu fiz um vídeo falando sobre um padre muito conhecido que fez uma brincadeira com a minha religião. Não gosto que ninguém brinque com a minha religião; não gosto que ninguém desrespeite a minha religião. Ele fez e eu não gostei; dei a ele uma resposta, porque ele mereceu. Disse que não estávamos em 1888, estávamos em 2019, e que fiquei chocada com a fala dele. As coisas mudaram; hoje, somos vitoriosos, sim, mas também precisamos nos lembrar do passado.

Eu falo isso para todos os racistas: nós não estamos mais em 1885, 1887, 1888 ou 1889; não estamos no século passado ou retrasado, quando faziam o que queriam. Meu povo, os tempos mudaram! As coisas mudaram, a ordem das coisas mudou. Então, se eles não querem respeitar por bem, precisam, de qualquer forma e a qualquer custo, aprenderem a ter educação e a lidar com as pessoas pretas, porque nós existimos. Não adianta a gente querer mostrar com briga, com paulada, não; a gente mostra diariamente, na conversa, na vida; a gente mostra na prática, com educação. Precisamos mostrar que somos educados e que merecemos respeito.

Já me perguntaram o que penso sobre as pessoas racistas. Não escondo o que penso: admito que são pessoas doentes, e tenho pena dessas pessoas. Eu tenho pena, mas não vou ser hipócrita para dizer: "Nossa, olha, que coitadinho". Não vou ser hipócrita, não gosto de pessoas racistas. Se eu descobrir que alguém do meu convívio é racista, vou me distanciando dessa pessoa, porque pode não me machucar diretamente, mas pode machucar uma pessoa da minha raça que está longe de mim. Sendo meu amigo, ou não, eu não vou gostar. Se eu descobrir que tenho uma pessoa racista perto de mim, quero que essa pessoa saia de perto, porque eu não quero ninguém doente disso ao meu redor. Eu tenho pavor dessa doença — o preconceito. Os racistas são doentes! Eles precisam passar por coisas na vida para aprenderem; eles precisam aprender o que é ser humano.

Há alguns anos, passou uma novela — que eu não vou lembrar o nome[1] —, que abordou uma coisa bem interessante: a Zezé Motta, se não me falha a memória, tinha um relacionamento com o Marcos Paulo, que era filho do Hugo Carvana; e ele não aceitava que o filho namorasse, se relacionasse, com uma mulher preta. Só que o personagem do Hugo Carvana ficou muito doente — ele era racista mesmo, né? —, precisava de sangue urgente, senão ia morrer; e ninguém tinha o sangue dele, até descobrirem que a preta tinha. Ele tinha de escolher: ou morria ou aceitava o sangue da preta. Ah, mas para não morrer ele aceitou, né?

Racistas são todos doentes! E um dia podem precisar do sangue do preto. Eu não aceito racista perto de mim de jeito nenhum. Hoje, eu vou lutar contra o racismo. Vou mesmo, com todas as minhas forças. Com toda a certeza, vou lutar contra o racismo.

• • •

De uns anos para cá, começou essa patifaria de intolerância religiosa: as pessoas fazem um carnaval em seus julgamentos e montam um bicho de sete cabeças em relação às casas de matrizes africanas. Percebo, nitidamente, que os intolerantes querem que a nossa cultura acabe, e uma explicação bastante óbvia todos sabem: é o preconceito com relação ao desconhecido. Eles não toleram religião de preto. Na verdade, não toleram nada de preto, não é mesmo?

---

1   Novela *Corpo a Corpo*, de Gilberto Braga, exibida entre 1984 e 1985.

Faria tudo outra vez

Mãe Marcia Marçal durante Candomblé
Foto: acervo pessoal

Eles acreditam que, acabando com o Candomblé, a Umbanda e o centro de mesa, a opinião deles vai ser predominante. Isso é preconceito! É muito revoltante, ainda hoje, perceber que pessoas ligadas à religião cristã acham que somos abomináveis. Muitos de nós ficam escondidos, sem poder revelar o que são de verdade, por causa dessa opressão diária, que é tão antiga e tão atual ao mesmo tempo.

Isso acontece porque a gente permite. Somos muitos, e as pesquisas podem comprovar o que quero dizer. Se fizerem uma pesquisa correta, perguntando a religião de cada um, incluindo a nossa, certamente, o número, se não for igual, chegará bem perto da religião cristã/católica. Acho que as pessoas que frequentam as casas de santo se escondem. Há casos de muitos candomblecistas que se afirmam católicos — parece que têm medo ou que sentem vergonha da religião.

Eu fico pensando e tentando entender o porquê de as pessoas se esconderem. Eu não me escondo, vou para os lugares que tiver de ir. Se eu tiver de sair da minha casa e ir até o terreiro do meu pai de santo, eu vou de roupa de ração, vou de roupa de santo, sim, porque essa é a roupa que se usa na minha religião: minha boa saia de ração, meu camisu, meu pano da costa, meu calçolão, meu paninho de cabeça, meu fio de contas. Se eu precisar parar em um posto de gasolina, vou descer do carro para botar gás e vou esperar do lado de fora. Pode passar quem quiser, pode me ver de roupa de ração, eu nem ligo. É assim que tem de ser, porque eu fico bem e muito feliz por me apresentar dessa forma. Sinto que as pessoas vivem o Candomblé somente como uma religião no sentido de escolha. Eu vejo diferente: é minha maneira de ser, de viver, são meus hábitos, e as pessoas precisam me respeitar por isso. Não é, simplesmente, uma questão de escolha; é uma forma de vida, é a minha condição.

Aonde quer que eu vá, seja à casa de um filho de santo, seja à casa do meu pai de santo ou ao terreiro de amigos, eu sempre vou desse jeito; não me escondo e não vou me esconder. Às sextas-feiras, quando eu saio de casa para ir ao mercado, a uma loja, ao dentista, sempre vou com meu bom branquinho e com meu laguidibá no pescoço — sou filha dele e tenho que mostrar que sou. Eu quero que todo mundo me veja: toda de branquinho; não sou médica, não, sou candomblecista mesmo! Então, vou botando a minha roupinha para mostrar para todo mundo. Eu fico me exibindo, quero que o mundo veja que eu sou candomblecista. Não quero me esconder de ninguém. E se alguém passar e fizer alguma graça comigo... pode até fazer, só não pode tocar em mim — tenho aversão ao toque, principalmente, de estranhos, se ficarem tocando em mim com implicância ou olhando e zombando da minha cara. Sempre fico em posição de defesa e, se me tocar, vai ter volta. Agora, se passar e jogar uma piadinha, se eu estiver disposta, respondo; se não estiver disposta, vou seguir com o meu objetivo, porque eu não tenho que me esconder de ninguém.

Se eu fosse cristã, evangélica, eu usaria a roupa adequada: blusa longa, de manga comprida, saia lá embaixo — porque existem religiões que as pessoas se vestem assim. Por que eu não vou usar as minhas roupas do Candomblé? Vou sim, e meus filhos de santo também — vão até no *shopping* de roupa de macumba. Muitos saem daqui, em dia de função, vão ao mercado fazer um favor para mim e nem trocam de roupa para não perder tempo. Eles vão assim porque esse é o ensinamento que eu passo adiante. Isso é muito importante para os orixás: essa demonstração de carinho e respeito por eles.

Outro dia, fui à casa do meu pai e precisava comprar umas coisas de mercado. No mercadinho perto do barracão dele, não tinha o que precisava; fui ao centro de Belford Roxo — num mercado grande e bem conhecido —, fui de roupa de ração. Todo mundo ficou me olhando. Naturalmente, estavam me admirando, porque, para olhar, tem de admirar. Eu estava adorando andar para lá e para cá pelo supermercado com a minha linda roupinha de ração: uma belíssima saia estampada com fitinhas nas bordas.

Não tenho vergonha e não admito que sejam intolerantes com a minha religião. Não aceito, não quero aceitar e não devo aceitar. Nem precisa me tolerar, basta me respeitar — está de bom tamanho. Como eu disse anteriormente: o direito de todo mundo termina onde o meu começa. Por isso, cresci desse jeito, ensinei meu filho e a minha vida vai ser sempre assim. Todo direito termina onde começa o meu, e vice-versa; é uma via de mão dupla. A vida é uma via de mão dupla: tenho de respeitar para ser respeitada, e do lado de lá também, precisam me respeitar para serem respeitados. Então, penso assim: não mexa comigo, me deixa seguir em paz com a minha religião e não seja intolerante comigo, porque vai ter troco, vai ter volta.

Com a história do mercado, eu não sabia que estava dando um grito de liberdade para os candomblecistas. Eu fui ao mercado pela minha fé, pelo meu amor, pela defesa do que eu acredito, pela defesa do que eu amo, pela defesa do que eu respeito. Fui exigir o respeito daquela moça; não fui pedir tolerância, porque não estou a fim de que ninguém me tolere, só peço que me respeitem — porque eu respeito todo mundo. Fui ao mercado atrás disso. Para mostrar o quanto aquela senhora estava errada em desrespeitar uma pessoa que era de uma religião diferente da dela. A partir do momento em que a religião dela não me interessa, eu também quero que a minha não interesse a ela, que ela respeite a minha religião e ponto final.

Salão do *Ilé Àṣẹ Olúwàiyé Ni Ọya*
Foto: Marcelo Moreno

Quando ela atacou a minha filha de santo, eu vi aquilo como uma agressão. Ela pode não ter dado um tapa, mas pegou a menina pelo braço e sacudiu, e isso é uma agressão. A partir do momento em que ela fez aquilo, ela me deu o direito de ir até lá e mostrar o quanto ela estava errada e como ela estava sendo preconceituosa com a religião da menina e com a minha.

Eu defendo o Candomblé, vou defender a Umbanda e vou defender toda religião que eu acredito, porque elas fazem o bem, praticam o bem, fazem o bem para as pessoas. A gente, que é de religião de matriz africana — seja Umbanda ou Candomblé —, tem um amor muito grande por aquilo que a gente segue. A gente tem uma fé, e essa fé tem de ser respeitada. Assim como a gente tem fé nos nossos orixás, essa fé também poderia ser por outra religião. É a nossa fé, independente do que seja, e depositamos essa fé em alguém.

Aquela senhora faltou com o respeito com a minha fé só porque a minha fé é diferente da dela. Isso dá a ela o direito de fazer o que fez? Dá a ela o direito de zombar? De falar que é do diabo? Seja lá o que for? Não. Por que só a fé que ela tem é verdadeira? A fé está em nós, e não apenas naquilo que a gente acredita. Está em nós. Eu posso ter fé num carro, porque a fé é minha, e eu pratico a minha fé no que eu quiser. Então, eu não admito que ninguém decida onde eu vou praticar a minha fé, nem com o que eu vou praticar a minha fé — quem tem de decidir sou eu e o meu coração. O meu coração me levou, me trouxe e fez com que eu permanecesse no Candomblé. É o Candomblé que eu amo; é no Candomblé que eu acredito; é no Candomblé que eu tenho fé. Ela tem na igreja? Palmas para ela e para quem quiser ter, eu vou respeitar, porque fé é uma coisa que foi feita para ser respeitada. A fé vem do coração da gente.

Eu achei que, se eu não fizesse nada, ela se sentiria no direito de fazer isso com todo mundo. Ela se fortaleceria com o nosso silêncio. Qualquer pessoa que chegasse ali com uma roupa branca, com um pano na cabeça ou com fio de contas no pescoço ela estaria forte, e faria com todo mundo. Tanto que nunca mais aconteceu.

Até então, nunca tinha acontecido um episódio de preconceito tão próximo, desse jeito. Já tinham acontecido outras coisas, como uma senhora

Faria tudo outra vez

que tinha perto de casa: ela não podia ver ninguém do barracão passar que vinha atrás, enchendo a nossa cabeça, amaldiçoando, falando uma porção de coisas: "Jesus é o salvador", "Sai, tá amarrado, sai demônio". Qualquer um de nós que passava perto dela, ela vinha. Uma vez, ela foi atrás de mim da minha casa até o barracão. Eu não dei ouvidos para ela porque eu não estava com tempo para isso. Entrei, e ela não tocou em mim.

Outra vez, chamei a atenção de um que bateu na minha porta no domingo de manhã — estava cansada. Tocaram a campainha, achei que fosse alguma coisa importante, acordei com aquela campainha na minha cabeça e fui lá: "Quem é?". Toda descabelada, de roupa de dormir. "É fulano e beltrano", responderam. Achei que era algum vizinho, porque falaram com tanta intimidade. Quando eu vi, disse:

— Olha só, aqui em cima do meu portão tem uma tigela; isso já está mostrando quem mora aqui. Vocês não têm o direito de bater na minha porta, nem de manhã, nem de tarde, nem de noite, principalmente domingo uma hora dessas. Se vocês não têm o que fazer, eu tenho. Eu saí da minha casa de Candomblé às 5h da manhã, estou na minha casa dormindo, e vocês vêm me incomodar?

— Ah, irmã, nós temos a palavra do Senhor.

— O meu senhor já me deu a palavra ontem. O meu senhor é Obaluaê! Eu ouvi a palavra dele ontem. Não bata mais na minha porta, senão eu vou atrás do seu chefe, seu patrono, seja lá o que for, mas não bata mais na minha porta.

Foram embora e, até hoje, nunca mais bateram à minha porta.

Quando aconteceu aquela história do mercado, era um dia normal na roça, não era dia de função. Elas foram na rua comprar alguma coisa para o almoço e, quando eu cheguei na roça, já tinha acontecido tudo — já cheguei com a notícia. Eu não senti nada, só falei "vou lá!". Não fui eu que disse isso, tanto que ninguém acreditou. Quando eu disse que ia lá, o pessoal achou que eu não iria, porque não seria a minha atitude normal, não é o meu jeito de agir. O meu jeito de agir é como fiz com aquela mulher que ficava falando e eu a deixava falar sozinha. Eu, simplesmente, diria: "Não dá confiança para essa maluca, não". E pronto. Mas quando me falaram, eu falei assim: "O quê? To indo lá agora!". E eu fui mesmo.

O engraçado é que tudo o que eu tinha de fazer estava na minha cabeça, sem planejar nada. Antes de ir, fui em casa e peguei a bolsa de documento. Fui de carro. Procurei a mulher e me fizeram de palhaça: "Não tem ninguém; não tem gerente". Já entrei no carro e fui para delegacia. Foram dois carros, porque ninguém acreditava em tudo o que estava acontecendo. Foi Yuri — que estava estudando Direito na época — e um montão de gente, porque eles não acreditavam que eu estava fazendo aquilo.

Na delegacia, eles foram bem acolhedores e deram bastante atenção. Contei o que havia acontecido, minha filha narrou todo o ocorrido e eles foram anotando. O delegado falou comigo e eu falei para ele:

— Doutor, agora eu vou passar lá no mercado, mas não vou quebrar nada, não vou tacar pedra em ninguém. Só vou lá porque eu preciso falar alguma coisa para essa moça.

— Vá, mãe — falou o delegado.

Acabou e eu voltei para o mercado. Foi tudo muito estranho, tudo muito mágico, tudo muito automático, tudo muito bem colocado, tinha de ser daquele jeito para acontecer o que está acontecendo hoje. Foi tudo muito bem planejado pelas energias positivas. Eu tinha de estar naquele lugar, naquele momento, fazer o que eu fiz e falar o que eu falei — tanto que eu não sabia o que havia falado para ela.

Quando eu vi o vídeo, entrei em pânico, porque eu não sabia que tinha feito aquilo tudo, que tinha falado aquilo tudo. Não me arrependi, mas fiquei com medo de virem quebrar o meu barracão, com medo de os crentes ficarem revoltados e virem para cá em bando — porque o meu barracão eu defendo, eu protejo. Eu tive muito medo naquele momento, tanto que eu falei: "Pelo amor de orixá, apaga esse vídeo!". Uma filha de santo, que nem era feita na época, fez o vídeo. Ela disse que apagaria, mas perguntou se eu deixaria que ela postasse na comunidade dos filhos da casa para o pessoal ver o que aconteceu. Eu deixei. A equede ainda avisou no grupo que não compartilhassem o vídeo para não haver represália contra o barracão. Tudo aconteceu no dia 14 e o vídeo foi postado na comunidade no dia 15. Uma filha de santo de um filho meu não viu a recomendação da equede e mandou o vídeo para uma amiga dela. Aí, o vídeo vazou.

Faria tudo outra vez

Yuri viu o vídeo com cento e tantas mil visualizações, não sei quantos mil compartilhamentos, e foi correndo para o barracão, desesperado:

— Mãe, teu vídeo vazou.

Eu pensei que fosse brincadeira dele, que estava querendo jogar o vídeo e estava me testando. Já comecei a xingá-lo ali mesmo:

— Você deixa de palhaçada! Não vai postar vídeo nenhum. Você vai me prejudicar se você botar esse vídeo na internet.

— Mãe, tô falando para senhora, o vídeo vazou. Alguém fez isso.

Eu botei os filhos de santo loucos. Todos os filhos catando para ver quem vazou o vídeo, até que conseguiram descobrir. Ficou todo mundo enlouquecido. Eu gritava igual um louca: "Os crentes vão acabar com o meu barracão!". Os filhos de santo enlouqueceram; todo mundo tentando encontrar quem vazou para apagar o vídeo, mas não dava mais. Não tinha mais como.

Fiquei com muito medo. Fiquei escondidinha uns quatro meses. Não postava nas redes sociais nem recebia ninguém. Pedi para que os filhos de santo tirassem as postagens de foto comigo para que não associassem a imagem deles à minha e alguém fosse atrás deles — ou viesse atrás de mim por meio deles. Eu não queria saber de ninguém nem ser procurada por ninguém. Só que eu fui procurada na mesma semana por muitos jornais; começaram a vir atrás para que eu desse entrevista; começaram a vir para o barracão atrás de uma foto. Começaram a vir pessoas de fora do Rio e, pelas entrevistas, elas começaram a associar onde ficava o barracão. Começou a vir uma porção de gente para o barracão por meio dessas reportagens. Aí, deu nisso aí que é hoje: não tenho mais como fugir. Que momento da minha vida! Muito marcante, com certeza; aprendi muito, meus filhos também.

· · ·

Passou perto de mim e não gosta da minha religião, tudo bem, passa e não me dá "bom dia", não me dá "boa noite", porque não vai me fazer falta alguma. Ou faça melhor, nem venha na minha casa. Pronto! É intolerante? Não gosta de macumba? Não gosta do Candomblé? Não gosta da Umbanda? Não entra. Admiro a Igreja Católica, porque eu cresci no Catolicismo, como é costume em nosso país. Se um dia me fizerem um convite e eu tiver de entrar, tenha a certeza de que será a Católica.

Já faz alguns anos, a minha única vontade é estar aqui; o meu encontro é com Omolu, com Iansã, com os meus. Então, é cada um na sua: católicos e cristãos em seus templos e eu aqui na minha casa de culto ao orixá. Eu sou contra a intolerância religiosa, jamais vou aceitar e não permitirei que ninguém me convença o contrário.

Precisamos lutar contra a intolerância, e a luta começa com o entendimento de cada um. Sempre, onde eu estiver, vou falar sobre a intolerância. É preciso trazer esse tema, nós somos responsáveis por essa luta, e não podemos nunca nos calar. Toda as vezes em que eu puder falar contra intolerância, eu vou falar, sim! Porque me faz bem falar e me faz bem defender a minha religião, a minha cultura ancestral. Se quiser ser meu amigo, não precisa nem me dar a mão, basta respeitar a minha religião, que já está de bom tamanho.

O Candomblé é a minha vida, é o que amo. Não me vejo sem, não me vejo sem esse culto, não me vejo sem esses deuses, não me vejo sem esses orixás, sem a força da ancestralidade. Não me vejo sem nada disso. Por esse motivo, não admito que ninguém diga o contrário. Se falar, vai arrumar uma inimiga, porque eu passo à inimiga na hora. Se falar dos meus orixás, eu me torno inimiga — eu fico com raiva e já mudo a cara. Eu falo para os meus filhos, aqui, brincando, que nenhum orixá me contratou para ser advogada, mas, mesmo assim, eu defendo. Não fale deles perto de mim, porque eu não suporto: eu viro bicho, fico com ódio, fico com raiva. Então, é melhor não falar, é melhor ser tolerante, respeitar. É melhor aceitar porque, assim, fica bom para todo mundo.

Sem medo de ser feliz, estarei sempre defendendo os meus orixás. Sempre defenderei a minha condição de vida, porque, sem eles, eu não sou ninguém. Agora, com eles, eu me sinto forte, forte como uma leoa.

Faria tudo outra vez

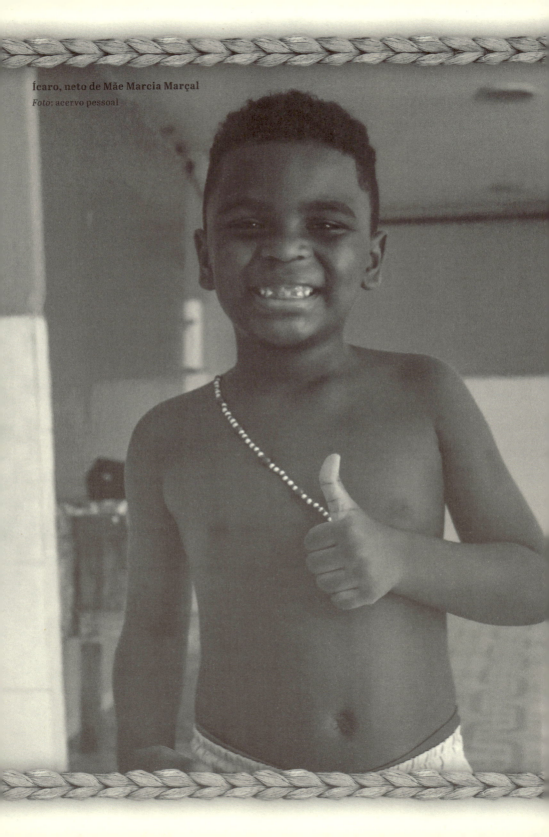

Ícaro, neto de Mãe Marcia Marçal
Foto: acervo pessoal

FARIA TUDO OUTRA VEZ

8

Mensagem para o futuro

*Se o òrìṣà não estiver no nosso coração,
não vai estar no nosso ori.*

— Mãe Marcia Marçal, em *live* com a
cantora Mariene de Castro[1]

Ah, o futuro... O futuro é uma coisa que me dá medo, me dá medo porque o futuro não pertence à gente; o futuro não me pertence — nem o presente me pertence, o presente pertence aos meus guias, aos meus deuses, aos meus orixás.

O que esperar do futuro? Essa é uma pergunta que me faço constantemente. Penso no futuro em relação à vida, em relação aos próprios acontecimentos, em relação aos fatos... o desejo é um só, mas nem sempre o que queremos é aquilo que acontece. Por isso, espero nos orixás.

O que eu espero do futuro é que as pessoas entendam que cada um deve seguir seu próprio caminho, deve ter sua própria diretriz, deve seguir sua própria fé. Em relação à intolerância, por exemplo, espero melhores dias para a minha religião — já fomos muito desrespeitados, merecemos respeito e credibilidade.

---

[1] *Live* com a cantora Mariene de Castro realizada em 15 de junho de 2020. Disponível em: https://www.instagram.com/tv/CBeSMdyDW2S/?utm_source=ig_web_copy_link. Acesso em: 28 abr. 2021.

Em relação à vida, eu espero mais amor, mais cuidado de uns com os outros, mais tolerância, mais parceria de uns com os outros. Durante a minha infância, quando eu conseguia um dinheiro para comprar alguma comida, ia num açougue comprar bofe — porque era barato — que ficava lá em Irajá. Era distante de onde eu morava, eu morava em Colégio e pegava a Estrada de Colégio, dobrava à esquerda e ia para Automóvel Clube, onde hoje é a estação do metrô de Irajá; eu andava até lá onde tinha esse açougue — em frente ao colégio José Alpoim, no qual até estudei. Eu ia e voltava sozinha, sem perigo, como diz a música da Alcione: "sem perigo, sem metrô e sem frescão".[2] Sem perigo, porque naquela época era muito mais tranquilo de você andar na rua.

Pensando nisso — minhas idas e vindas com mais segurança —, eu espero que, hoje, a gente possa se sentir seguro também. Ir e voltar sem perigo, sem medo. Eu quero ir para Belford Roxo, onde tem o barracão do meu pai; eu quero ir para Miguel Couto, onde é a nossa matriz aqui no Rio de Janeiro; eu quero sair vestida com as minhas roupas sagradas do santo, sem a preocupação de que alguém possa me criticar, me agredir, sem a preocupação de que algo aconteça e eu tenha que me defender. Eu quero ir e vir. As pessoas precisam achar normal, natural, nós sairmos da casa de Candomblé com as nossas vestimentas na volta para casa. Por que não podemos fazer isso? O que há de diferente entre mim e os outros das outras religiões? Por que nós, povo preto, sempre seremos rotulados negativamente? É isso que eu espero do futuro: que a gente saia e volte sem medo das ignorâncias da rua.

Desejo mais tolerância e saúde para todos nós. Que Obaluaê guie nossos passos e nos proteja sempre! Não canso de pedir proteção ao meu pai.

Destino esta mensagem às pessoas do santo: elas precisam respeitar mais o que cultuam — de verdade, com verdade. O dia em que todos pensarem assim, estaremos diante de uma grande mudança na história da nossa cultura, porque tudo depende de nós, dos fiéis. Enquanto tivermos maus exemplos, seremos rotulados.

---

2   Trecho da música "Rio Antigo", composta por Chico Anysio
     e Nonato Buzar e interpretada por Alcione.

Mãe Marcia Marçal, em 2009, na Fontana di Trevi, Roma
Foto: acervo pessoal

Quando estou em um culto, seja na minha casa, seja na casa de outra pessoa, quando estou numa festa de orixá, eu estou ali com o coração e estou acreditando em tudo o que eu estou vendo. Eu estou amando tudo o que eu estou vendo, eu estou jogando a minha energia para tudo o que estou vendo em relação àquela casa de Candomblé. Eu saio dali, realmente, mais energizada, eu saio dali mais forte, eu saio dali mais feliz, porque, para mim, o que importa é o que vai daqui para lá, não o que vem de lá para cá. Se aquela pessoa X está mentindo, está enfraquecido, isso não é um problema meu; vou continuar amando, vou continuar acreditando e vou sair daquele culto fortalecida, porque o orixá que a gente viu ali existe em algum lugar, ele está vendo a minha fé. A mensagem é a mensagem de fé, de respeito ao Sagrado. Que todos tenham mais fé e mais respeito ao Sagrado.

Na casa de Candomblé, no culto do Candomblé, não pode acontecer NADA que o orixá não permita. Não devemos fazer nada, porque a casa não é nossa; o espaço não é nosso. Então, a gente não chega na casa de ninguém impondo as coisas, as doutrinas. A gente não chega na casa de ninguém gritando; a gente não chega na casa de ninguém abusando; a gente não chega na casa de ninguém bagunçando; em todas as casas que a gente vai, a gente chega com respeito. Então, se a casa é de orixá, ela não nos pertence, ela tem dono ou dona.

Até essa aqui, o *Ilé Axé*, a comunidade *Ilé Àṣẹ Olúwàiyé Ni Qya*, na qual eu sou zeladora, eu sou só a zeladora, eu sou só a ialorixá, eu sou só a sacerdotisa desse templo que Omolu me deu. Eu não sou a dona, ele é o dono. Se eu estou na casa dele, eu tenho que entrar na casa dele com respeito, eu tenho que entrar na casa dele calada, eu tenho que entrar na casa dele com sabedoria. Na casa dele, eu não vou fazer nada que ele não queira. O que ele quer que eu faça na casa dele? Cultuar. É isso que eu faço: respeitar. É isso que eu faço.

Casa de Candomblé não é casa de bagunça. Enquanto a gente bagunçar a casa de Candomblé, a gente não vai ter a vida organizada. Se a gente não organiza a casa dos outros, por que a gente ia querer que essa força organizasse a nossa vida? Existe tanta gente de Candomblé com a vida tão bagunçada — de vez em quando, faço essa reflexão. As pessoas precisam olhar mais para si para saberem onde estão errando, onde estão falhando. Acho que, hoje, falta muita reflexão: as pessoas agem sem pensar — fé é reflexão, é análise. Quando eu seguir aquela fé, aquela força que me conduziu de fato; quando eu seguir aquela força que eu me deitei para ela, que eu dei o meu ori para ela, que eu quis na minha vida; quando eu resolver viver para aquela força, tudo vai mudar. Não estou dizendo que seguidores de nosso culto não passam por problemas. Sim, temos problemas, como todos têm. A diferença é que acreditamos em nossas energias, mesmo quando tudo está bem. É nesse momento que o nosso querer, somado à força dos orixás, começa a nos ajudar, nos dá caminho para as conquistas, por exemplo.

Sei e vou dizer: gosto muito de ser ialorixá, gosto muito de cuidar de santo, gosto muito de estar neste lugar como zeladora, porque a energia é verdadeira e me move. Eu amo demais, mas em todas as passagens, em todas as décadas — que agora já são mais de seis —, vivi muitos anos sem conquistas, sem ter, sem poder, sem... Mas, da terceira década em diante, a minha vida mudou da água para o vinho, e sei que isso tudo aconteceu devido à minha entrega.

Ninguém me avisou. Pediram uma casa, eu montei esta casa de orixá, mas em nenhum momento eu fui avisada: "As coisas vão mudar, hein. A sua vida vai mudar, a postura vai ser outra, o respeito vai ser outro, o carinho vai ser outro, o amor vai ser outro, as pessoas vão te olhar com olhos, de amor, respeito, de carinho". Eu não sabia que esta coisa linda viria junto. Uma dosezinha de decepção causada por uns e outros, mas que não afeta em nada, não me afeta em nada, porque não tenho olhos para ver. Meu coração, na verdade, não vê essas coisas negativas de jeito nenhum.

Eu não seria nada sem orixá. Eu não tenho profissão, não tenho estudo e não teria um caminho. Minha mãe morreu quando eu tinha quarenta anos; minha irmã veio para cá e logo deram um jeito de vender o barraco que a gente morava. Onde eu estaria hoje aos 61 anos? Morando de favor? Na casa de uma irmã? Não poderia mais fazer uma faxina; só a pensão que eu recebo não daria para pagar todas as despesas de uma casa. O que seria de mim? Nada! Eu seria a mesma pessoa lá de trás que dependia de um dinheiro emprestado até para a passagem, para comprar comida, para comprar gás. A minha vida seria complicada demais. Talvez, já tivesse adoecido ou até morrido — depois de ter perdido a minha mãe, ainda viveria uma velhice nessa situação. Então, Obaluaê viu tudo isso no dia 16 de abril de 1960, quando eu nasci, ele viu tudo isso e ali ele já me escolheu para ser o que eu sou hoje, para não ter de passar por isso.

Faria tudo outra vez

Hoje, tenho certo conforto, uma casa confortável, como bem, tenho o meu barracão e, se eu não tivesse, como me manteria sozinha? Com a quantidade de gente que tem no barracão, eu não passaria novamente por essas coisas. Há alguns anos, alguns filhos de santo me ajudaram muito financeiramente. Faz poucos anos, a Daniele (Feijão) me dava dinheiro, Sidney, equede Sueli, equede Katia e, lá atrás, o Dofono de Oxóssi, a Meire... depois veio a Samantha, a Léia... os filhos de santo me ajudavam com dinheiro. Então, se eu não tivesse como me manter sozinha, com a quantidade de bons filhos que eu tenho, eu não sofreria.

Eu tenho a certeza de que, se eu não tivesse uma casa, um grupo de filhos ia se reunir para construir um quarto com um banheiro bonito para mim; eu teria, porque sou de orixá. Obaluaê me escolheu, ele me escolheu para me dar uma vida confortável. Então, se hoje eu não fosse ialorixá, talvez nem vida eu tivesse, porque eu não faria questão nenhuma, ia me entregar — não ia me entregar para a bebida, porque nunca fui de beber, mas eu deixaria o tempo passar.

Daqui a cinco anos, eu quero estar morando na Barra e ter um sítio, uma casa dessas que a gente vê na novela, bem bonita. Aquelas casas de dois andares. Apesar de que eu gosto mesmo é de um amarelão! Barra ou Recreio, ali naquela área, sempre quis.

Como ialorixá, quero manter o que já tenho: tenho mais de duzentos filhos na casa, mais de quinhentos filhos feitos. Nem sei como será daqui para frente; só essa semana já chegaram mais seis!

Quero, daqui a cinco anos, continuar com os filhos que gostam de festejar comigo. Nosso Réveillon, por exemplo, é sempre inesquecível. Eu gosto disso: de filhos que vem comigo, "Vamos fazer uma festa disso?", "Vamos!". Eu não consigo ser aquela mãe que não está junto dos iaôs, e isso eu não vou mudar. Eu fico boba como tem filhos que não conseguem se aproximar de mim, porque eu quero me aproximar de todo mundo. Eu não me distancio, não sou inacessível. Eu quero me aproximar. Então, não tem por que o filho não querer se aproximar de mim, não consigo entender, e eles ainda saem da casa falando: "A casa tem muitos filhos e a mãe de santo não dá atenção pra gente". Eu quero falar com todo mundo, mas as pessoas sentem vergonha de mim, não chegam perto... eu fico numa revolta. Eu quero estar junto, eu quero brincar junto, quero ver os filhos felizes, quero estar feliz com eles. Daqui a cinco anos, quero continuar desse jeito. Quero ter os meus filhos comigo festejando. Isso é o que eu gosto.

Foi por isso que eu mudei a minha vida, foi isso que mudou a minha vida. Aos dez anos, eles me pediram para segurar uma das minhas mãos e eu — mesmo sem saber para onde me levariam, com medo de me perder deles — dei as duas para eles segurarem. Eles me guiaram, segurando as minhas duas mãos, e eu cheguei até aqui, porque tive medo de me perder deles. Então, tem gente que não quer, eles pedem para dar a mão e a pessoa dá um dedinho porque "se eu der a minha mão, eu não vou poder fazer isso, não vou poder fazer aquilo e aquilo outro, porque ele vai estar segurando minha mão", "Ah, não, eu quero poder fazer isso, aquilo, aquilo outro". Está perdendo.

Essa é a mensagem final: se o seu santo pedir a você uma das mãos, dê as duas! Siga com ele de olhos fechados, porque você vai chegar aonde ele quer que você chegue. Não aonde você quer chegar, mas aonde ele quer que você chegue. E ele sempre terá um lugar excelente para a gente lá.

Eu tenho mais fé que sangue no corpo.

Mãe Marcia Marçal e sobrinhos
Foto: acervo pessoal

FARIA TUDO OUTRA VEZ

Posfácio

Flavia d'Oyá, iaô[1]

À matriarca ialorixá Marcia d'Obaluaê

A leitura da biografia de mãe Marcia d'Obaluaê nos apresenta um ser humano até então desconhecido de seus fãs e admiradores. Moldada pela terra de Nanã e de Obaluaê, conheceu a fome, a dor, a miséria e o racismo, viu e sofreu as consequências do alcoolismo materno gerado pelo patriarcado e pelo capitalismo, que arrancam das mulheres negras mais pobres os direitos básicos de sobrevivência, como a educação e a moradia. O barro sagrado da criação, escolhido por Odudua, para constituir a menina Marcia, realmente, continha os nutrientes mais fortes do ventre da terra, o mesmo que sustenta as raízes das arvores centenárias, as quais admiramos o tronco e a copa, mas nos esquecemos de observar,

---

[1]   Formada em Ciências Sociais pela PUC-RIO, pós-graduada em Gestão Pública Metropolitana pela ENAP, especialista em Políticas Públicas de Gênero na América Latina pelo IPPDH e em Mercado de Trabalho e Direitos Humanos pela UFRJ e mestranda em Sociologia Política pelo IUPERJ. É autora dos livros *Umbanda religião brasileira: guia para leigos e iniciantes* (Pallas, 2014), *Levanta, favela!: vamos descolonizar o Brasil* (Conexão 7, 2019) e *Salve o matriarcado: manual da mulher búfala* (Editora Aruanda, 2021).

bem ao estilo atotô, em silêncio, que são as raízes bem adubadas e fincadas profundamente no ventre da terra que as sustentam firmemente de pé. Sim, é inegável que a menina nascia sem nada para se tornar uma grande matriarca portadora da riqueza do axé. Ajalá moldou seu ori e Orunmilá desenhou seu destino. Ela aceitou e cumpriu.

Esta menina-mulher da pele preta cursou o mesmo caminho das sementes das plantas. Acreditou que havia luz fora da terra, fez força para romper a barreira da escuridão do início da vida e quis tocar o sol. Ela conseguiu! Foi semente que germinou quando muitas morreriam, pois não suportariam as provas de fogo que a vida dá às pessoas especiais, escolhidas por Olodumarê, assim como dá às árvores selecionadas que geram mais frutos para a humanidade.

Ela alcançou o sol e, ao senti-lo, viu que ele era tão grande e tão lindo que quis dividi-lo com outras pessoas — como algumas árvores que se reúnem para formar as florestas e ajudar a humanidade a respirar melhor. A matriarca Marcia tem a mesma generosidade: com sua fé ancestral, doa esta força para a humanidade, abençoando todas as cabeças de seus filhos e filhas da família *Olúwàiyé Ni Qya*. Assim como as florestas, ela nos doa o oxigênio da fé, um oxigênio tão potente que rompe os limites do terreiro e alcança multidões, até aonde quer que Oyá, sua mãe, decida que a sua sabedoria deva chegar.

Quanto a nós, que derivamos da senhora — seus filhos, netos, sua família biológica e afetiva, seus filhos e netas de orixá, seus fãs e seguidores — só podemos agradecê-la por ter aceitado a missão que lhe foi predestinada. Por meio de sua existência, força, fé, garra, humildade e sabedoria, a senhora torna a nossa vida mais alegre e iluminada a cada vez que ouvimos a sua voz e vemos o brilho de seus olhos.

Esta incrível história de vida se tornará ainda mais conhecida por meio deste livro e, quem sabe, o Orum (céu) comande que, no futuro, seja um filme e/ou enredo de escola de samba para que mais pessoas a conheçam. Em confronto ao racismo presente no tecido social brasileiro, devemos valorizar e ressignificar o fato de que pouquíssimas mulheres negras foram biografadas neste país, quiçá neste planeta. Esta trajetó-

Mãe Marcia Marçal

ria de garra, superação e luta pela sobrevivência é impactante, mas sabemos que também é a história de muitas outras anônimas — mulheres negras, indígenas e pobres — deste país, no qual a escravização perdurou por longos 400 anos. Muitas de nossas ancestrais tiveram o acesso à educação negado por sua condição de escravizadas e, por isso, não conhecemos suas histórias. Isso significa que as nossas guerreiras foram apagadas da história desta nação.

Dentro de uma estrutura social que silencia as mulheres e invisibiliza heroínas matriarcais, este livro torna-se leitura obrigatória para os povos de axé e para educadores, que podem utilizá-lo, aplicando as leis nº 10.639/2003 e nº 11.645/2008, nas escolas públicas e particulares, evitando, desta forma, um novo apagamento destas divas respeitadas que compõem as personalidades brasileiras.

Exatamente por termos consciência de nossa verdadeira história, esta autobiografia ocupa um importante lugar na literatura brasileira, pois é o lugar de fala de uma multidão de mulheres anônimas que precisam conhecer e reconhecer suas referencias irmanadas nas dores em comum.

Reconstruir a função social do matriarcado foi algo que o Candomblé reivindicou tão logo conseguiu reorganizar a religião dos orixás deste lado de cá do Atlântico. Dentro de uma sociedade racializada pela colonização europeia, desde a invasão eurocristã, este foi o primeiro lugar de poder conquistado pelas mulheres negras no Brasil. Na tradição iorubá, as mulheres são sagradas e, por isso, são as nossas rainhas, ialorixás, iyaninfas, geledés, equedes, oráculos, obás, conselheiras, parteiras, rezadeiras, curandeiras... são o ventre da vida, o portal pelo qual todos devemos passar se quisermos habitar este mundo. Exatamente por conhecer este conceito básico do ciclo da vida, as religiões afro-brasileiras estão entre as poucas, no mundo pós-moderno, em que as mulheres permanecem no papel de autoridade sacerdotal.

A matriarca Márcia d'Obaluaê é uma dessas mulheres. O sistema opressor a impediu de estudar e tentou apagá-la antes mesmo de ela existir como ialorixá. No entanto, ela faz jus ao ori no qual carrega a força matriarcal e nos surpreende com sua inteligência, diplomacia, sensatez, elegância e

Faria tudo outra vez

autoridade. Quem é de axé sabe a que se destina. Que bom que Mãe Márcia sabe disso e nos faz entender a cada fala sua transmitida para o mundo.

As matriarcas passam pelo mundo deixando seu nome escrito na história. São mulheres lindas, fortes, serenas e profundas. Capazes de acalmar as cabeças mais difíceis, transformam-se em búfalas-mães na defesa de seus filhos, mas também nos ofertam o silencio como punição para que aprendamos a observar as mais velhas e aprender com elas, pois não é diante de tudo que o seu pensamento deve ser expresso em palavras. São enigmáticas! Iá Marcia é enigmática!

Nunca sabemos quantos anos elas têm de verdade: algumas décadas em seu relógio biológico e uma eternidade em sua idade ancestral. Carregam a herança das Iami Oxorongás (mães feiticeiras ancestrais), são mulheres sagradas, e os povos africanos e indígenas sabem disso, mas a sociedade cristã, não, tanto que as colocou na fogueira e as chamou de bruxas. Apesar do genocídio provocado pela escravidão e pela Inquisição, elas sobreviveram: as descendentes das bruxas e das escravizadas que não conseguiram queimar e matar permanecem vivas, nos ensinando a curar por meio das rezas, das ervas, dos recolhimentos, dos cânticos, do oráculo... Assim, a medicina tradicional do médico Obaluaê permanece viva para nos curar, salvar e proteger através destas senhoras que guardam os segredos do axé.

É impossível calcular quantas vidas foram salvas e transformadas dentro dos terreiros durante os longos anos dedicados a oferecer acolhimento e colo de mãe aos filhos e às filhas que não foram paridos de suas entranhas, mas que foram trazidos pelas iabás. São verdadeiras mães da humanidade.

Em nome de todas as suas filhas e de todos os seus filhos, agradeço por sua existência em nossas vidas. Salve seu ori, Mãe Marcia! Salve todas as pessoas que estiveram e que estão ao seu lado de forma silenciosa, curando a sua dor e secando as lágrimas causadas pelos ingratos que tentam feri-la, pois as mulheres búfalas também sangram. Agradecemos que a senhora tenha quem lhe ofereça um ombro amigo nos momentos de necessidade. Obrigada por cuidar, proteger, orientar e dar cascudos verbais em todos nós quando merecemos e precisamos.

Confiamos nosso ori à senhora. Nossos orixás escolheram a senhora como nossa mãe. Obrigada por cuidar de tantas famílias, como a minha, no ninho de axé e paz que é o *Ilé Àṣẹ Olúwàiyé Ni Ọya*.

O livro é da senhora, mas o presente é nosso, que podemos perceber o quão forte pode ser uma mulher preta de axé!

Somos honrados por sermos suas filhas e seus filhos.

Salve nossa matriarca, Mãe Marcia Marçal!
Salve todas as matriarcas deste país!

Sua bênção!

Mãe Marcia Marçal
Foto: acervo pessoal

FARIA TUDO OUTRA VEZ

Depoimentos

Imbica de Oxum, irmã

Meu nome é Imbica de Oxum. Sou filha do pai Dito de Oxóssi e tenho trinta anos de santo. Sou ialê da casa e uma boa cozinheira.

A mensagem que eu deixo para minha irmã é que ela sempre seja essa mãe de santo querida, perfeita — porque, para mim, ela é perfeita — e que continue sempre desse jeitinho mesmo: amiga, colega. Seja sempre desse jeito. Para mim, é uma questão de honra estar ao lado dela. Pude acompanhar tudo isso muito de perto, torci e torço muito para o sucesso dela e da casa de santo. Costumo dizer que tenho duas casas de santo, a do meu pai e a casa dela, que faço questão de ajudar e de estar presente nos momentos em que ela precisa.

Sou muito alegre, divertida, gosto muito de sorrir e tento espalhar esse meu sorriso para os filhos dela que chegam na casa.

A vida no Sagrado é bem melhor, a casa da minha irmã é uma casa familiar, as pessoas se sentem bem, a gente cuida de tudo com muito carinho e dedicação.

Betânia

Meu nome é Betânia Dias da Silva — sem o H que você coloca [risos]. Conheci a Mãe Marcia... olha, nós fomos criadas juntas, crescemos juntas, temos a mesma idade — ela faz aniversário em abril e eu faço em agosto. Somos primas, irmã, comadres.

Vivemos muita coisa juntas, brincávamos, jogávamos bola, caçávamos rã, rolinha... nem vou me lembrar de tudo, mas a gente pintou bastante na infância. A gente não era mole, não [risos]. Na nossa época, era brincadeira, zoação... hoje, tudo é *bullying*.

O que ela queria era levar comida para casa. Ela estava sempre com a mãe agarrada na barra da saia, e tudo o que ela fazia era para levar comida para casa. Ela brincava, mas o foco dela era sempre levar comida para casa. Sempre cuidando da mãe.

Minha tia ia gostar muito de tudo o que ela conquistou, o que o Yuri conquistou, porque tudo o que ela fazia era em torno da mãe dela. Infelizmente, ela não pode ver tudo o que está acontecendo agora.

Mãe Marcia Marçal, o tio Hélio e a irmã Juciara
Foto: acervo pessoal

Teve uma colega nossa que ia fazer aniversário e não queria que ela fosse. Eu falei: "Se ela não for, eu não vou", e a Marcia mandou ela enfiar a festa... [risos]. Chamavam ela de "macaca"; isso era complicado. Nós sempre fomos muito ligadas, somos irmãs, primas, comadres, ela batizou a minha filha, é um elo forte desde criança.

Eu me lembro de quando ela entrou na Umbanda, lá em Colégio, mas não me lembro da época, faz muito tempo. Minha memória não tá legal [risos].

Esse reconhecimento que ela está recebendo hoje, sinto um orgulho imenso, porque, desde criança, estamos juntas. A gente matava rã, pombo, a gente era criança e já fazia isso. A gente botava, comia, como se estivesse fazendo uma oferenda, e lá na frente foi isso. A gente não sabia que ela seria uma mãe de santo, ela ia ser e a gente não sabia. A gente brincava assim. Éramos felizes e não sabíamos. Ela era uma criança muito feliz.

Hoje, ela é uma estrela que está brilhando e vai brilhar muito mais. Tô muito feliz com isso, porque a infância dela não foi fácil; foi difícil. Ela passou muita necessidade, mas a necessidade que ela passou não era infelicidade, era só uma coisa a mais. Foi pedreira, não foi fácil, não; agora que tá legal.

Marcia é meu alicerce, minha irmã, minha mãe de santo, minha comadre, ela é tudo. Se tiver precisando de uma coisa, ela tá pronta para ajudar — uma coisa espiritual, qualquer coisa, a gente liga pra ela e ela resolve. É nosso alicerce. Nós passamos por muita dificuldade, muitas coisas ruins e boas. Éramos felizes e não sabíamos.

Marcia, você é o alicerce da nossa família. Você sabe que eu te amo, muito, muito, muito! Você é irmã, prima, comadre... fomos criadas juntas. Mesmo distantes, o amor continua o mesmo. Vou te amar ate o fim da minha vida.

Irani

Meu nome é Irani Santos de Azevedo, estou com 60 anos. Sou admiradora do Candomblé. Minha irmã mais velha foi a primeira mãe de santo da Marcia. Ela tinha uma casa de Umbanda lá no quintal onde a gente morava, no Suvaco. O Candomblé, mesmo, eu só fui conhecer alguma coisa depois que eu reencontrei a Marcia, porque a gente ficou muitos anos perdidas uma da outra.

A gente se conhece desde sempre, a memória que eu tenho é da gente sempre junta. Eu morava em Colégio, no mesmo quintal que a minha irmã, e tenho lembranças bem remotas dos meus três anos de idade, de quando o meu pai ficou doente e a minha mãe me deixou lá com a minha irmã — meu pai estava com câncer e a minha mãe ia para lá todos os dias. A partir daí, a minha lembrança é com elas: Marcia, Imbica, Rita, tinha uma outra família, o Ti, era o trio: Marcia, eu e Ti. Tínhamos outras pessoas, mas na nossa faixa etária éramos nos três. O Ti era um pouco mais velho, de setembro, ele completaria 61 e nós duas fizemos 60. Ela em abril e eu em junho.

De criança, a gente não entendia as dificuldades da vida que vivíamos; depois que a gente começa a entender as dificuldades. Conforme a gente vai amadurecendo, vai entendendo que existiram as dificuldades. Lembro da Marcia no terreiro da minha irmã, era uma nega besta [risos], eu me lembro dela com uma saia rosa — eu não vestia, mas ela ficava bem metida quando estava de roupa de santo [risos].

A minha irmã mudou para lá logo que eu nasci, e a gente sempre conviveu. Eu me lembro bem dos meus três anos, quando minha irmã foi lá avisar que meu pai tinha falecido.

Você já ouviu uma música da Kell Smith, "Era uma Vez"? A vida era assim, são muitas lembranças, mas umas são meio apagadas. Eu sonho pouco, mas essa noite eu sonhei que estávamos andando lá em Colégio, em frente a Vulcan, e vínhamos andando, já éramos adultas, eu, ela e o Ti, mas eu estava procurando o Ti. E fazíamos as mesmas coisas de quando éramos crianças.

Eu me lembro da Dona Geni com uma casa muito limpa, umas plantas bem cuidadas — Marcia também é assim. Dona Geni gostava muito de plantas, era uma pessoa bem sisuda, como a minha mãe.

Quando eu ia para lá, era meu lazer. Eu morava perto da praia e elas iam para lá — Marcia, Imbica e uma irmã do Ti, chamada Tuê. Tem mais de trinta anos que não a vejo; ela era mais velha.

Primeira festa de erê no barracão em Vaz Lobo
Foto: acervo pessoal

A vida foi passando... a Marcia era bem brigona. Na adolescência, a gente deu uma separada, porque elas saíram de lá em 1974 — não tenho muita certeza — e foram para Senador Camará — eu acho —, lá onde mora a Rita, irmã dela, e não ficaram. Nessa época, já não tínhamos muito contato.

Quando criança, ela era bem autoritária, como continua sendo [risos] — Yuri que sabe da vida dela [risos]... brigona. Nós éramos amiga, então, não víamos defeito. A Imbica sempre foi muito presente com aquele jeito louco dela [risos] — ela sempre foi assim, não vai mudar —, a Marcia sempre foi muito autoritária, gostava de mandar na gente, e eu era mais imbecil [risos], era mandada, mas o Ti batia mais de frente com ela. Ela tinha de mandar nas brincadeiras, em tudo; ela tinha de tomar a iniciativa de tudo [risos], era brigona e defendia os amigos; ela era desse tipo. Era não, ela é [risos].

A Marcia é minha amiga, minha irmã, uma pessoa que eu sei que eu posso contar, nem sei explicar, é um sentimento bom. Eu fique muitos anos sem vê-la; tem mais ou menos uns vinte anos que ela me encontrou na rua — porque a minha filha fala que eu ando olhando pro pé [risos]. Nós nos cruzamos numa galeria em Madureira e fiquei muito feliz. Depois, ela foi almoçar comigo, na minha casa. Reunimos a minha família e minha filha até falou: "Se eu soubesse que minha mãe ia ficar tão feliz, já tinha procurado a senhora antes". Fiquei muito feliz em reencontrá-la; é uma parte da vida da gente, e esse reencontro foi muito bom.

Fico muito feliz por ela, como ela está hoje, depois de tudo que ela passou. Eu perguntei para ela, há uns dois anos, no aniversário dela, o que ela via de tudo que estava vivendo, ela falou que fica assustada, assustada com tudo aquilo, mas que ela nunca pode esquecer de onde veio, de tudo que passou.

Com o amadurecimento, a gente passa a entender o que se passou. Como ela já deve ter falado, a Dona Geni se embriagava, me lembro de alguns episódios; como a minha mãe também era alcoólatra, passamos algumas coisas juntas. Vergonha, humilhação, tristeza de ver a mãe embriagada; foram momentos bem difíceis, mas a gente sente muita falta das nossas mães. Ela, da Dona Geni, e eu da Chiquinha. Dona Geni deixou um filho com cada parente e ela ficou. Eu também fiquei com a minha mãe, porque era a caçula, tipo ela. Histórias parecidas, mas caminhos diferentes. A Marcia meteu as caras, com o autoritarismo dela, e buscou caminhos.

Marcia é uma pessoa muito importante na minha vida. A gente tem de dar importância aos amigos. É uma pessoa que eu sei que posso contar, que já me ajudou, espiritualmente, várias vezes. No momento, a minha filha, Milena, está no barracão, mas tá afastada, por causa da pandemia — ela tem pavor de morrer; falou de doença, ela fica com medo. Ela é muito importante na minha vida, uma irmã, e tudo que eu puder fazer por ela eu farei, com certeza, porque irmãos são assim.

Iracema

Meu nome é Iracema Maria da Silva Rebelo, tenho 66 anos. Sou do Candomblé, só não ponho roupa. Conheci a Mãe Marcia na infância, desde pequenininha, fomos criadas juntas no mesmo quintal no bairro de Colégio. Meu pai, José, e minha mãe, Maria, tinham um barracão de Umbanda nesse quintal. Nós brincávamos muito e participávamos ali da Umbanda. Minha mãe, Maria, no caso, é a minha irmã mais velha que me criou, e foi ela que iniciou a Mãe Marcia na Umbanda, que deu a roupinha rosa. A minha mãe era costureira e costurava para todo mundo do barracão, e foi ali que ela começou. Tenho uma lembrança bem vaga do dia em que ela ganhou a roupa, mas lembro bem que a gente ajudava no barracão, debulhávamos feijão fradinho — isso tudo a gente fazia no barracão —, que meu pai fazia acarajé, vatapá, essas coisas. Limpávamos o barracão, sempre nós duas juntas e a Irani, que morava mais distante e também vinha, mas só nos finais de semana. A Irani é da mesma idade da Mãe Marcia, eu sou 6 anos mais velha que elas.

Eu me casei muito cedo — conheci meu marido quando eu tinha treze anos — e foi um escândalo danado. Eu me casei e tive a minha filha, Ana Paula, e a Marcia me ajudou muito, porque era uma criança cuidando de outra criança. Eu me mudei de Colégio para Irajá, para ficar perto da fa-

Faria tudo outra vez

mília do meu marido, e a Marcia ia lá me ajudar a cuidar da minha filha. Ela me ajudou bastante, brincava com ela enquanto eu fazia as coisas da casa, me ajudava muito. Foi uma infância sofrida para todas nós, mas sobrevivemos. Era um ajudando o outro.

Fazíamos um trabalho para a fábrica Vulcan — uma fábrica de plástico bem em frente à comunidade que morávamos. "Limpar trim" era separar o plástico da malha, as aparas. O plástico voltava para a fábrica e a malha ficava para gente; e a minha mãe fazia roupa para muita gente. Fazíamos esse trabalho para ganhar um dinheirinho, tínhamos uns 7, 8 anos. A necessidade fazia a gente trabalhar, era o dinheiro que a gente comprava 100 g de banha e 2 ovos para todo mundo comer. Não tínhamos margarina, nada disso, era pão puro, uma vida muito sacrificada.

Depois, eles tiveram que mudar de lá porque compraram tudo para fazer o Ceasa. Eu fiquei um bom tempo sem avistar a Marcia; a irmã dela morreu, a Dona Geni morreu, mas um dia a gente se reencontrou e foi a maior felicidade da minha vida. Minha irmã, Irani, encontrou com ela em Madureira, combinamos de ir na casa dela — ela morava em Vaz Lobo —, e fomos. Depois, eu soube que ela se mudou para Coelho Neto, e a gente foi se encontrando de vez em quando. Depois, minha filha começou com problema de santo, procurou ela, ela jogou para a minha filha e aí foi indo.

O jeito dela, sempre mandona, é o jeito dela de ser; ela é "pá!". Nunca se deixou abater, sempre foi muito ela mesma, mandona, resolvendo as coisas, sempre foi desse jeito. Ela chegou? Chegou! É a Marcia.

A Marcia representa para mim [pausa emocionada] "superação". Porque eu não me lembro de muitas coisas, mas o que ela falava comigo... ela me ajudou a cuidar da minha filha, e ela falava as coisas para mim. Muitas vezes, nós choramos juntas, ela me ajudou muito também. É superação e eu tenho muito orgulho dela. Quando eu a vejo no Facebook, o jeito que ela fala, aquilo tudo volta na minha memória, as coisas que eu me lembro e a superação; e eu tenho muito orgulho pela pessoa que ela é, por tudo que está conquistando, porque é um prazer imenso ver o que ela está conquistando e o que conquistou.

Acho incrível vê-la como ialorixá. Aquele vídeo incrível que ela fez no mercado com aquela mulher, defendendo a filha dela... quando eu vi aquilo, falei: "Epa, ela chegou" [risos]. É ela, leoa, defende mesmo, ela vai e enfrenta. Esse jeito dela, o que ela tá conquistando, isso é bom demais! Eu fico muito feliz, de coração, é gratificante, pode ter a certeza de que é. Nós superamos. Eu tenho três filhos — me separei do marido que eu tinha — e amo meus filhos de paixão; a minha filha é do Candomblé, o do meio é do santo e o caçula é presbítero da Igreja Batista, e existe um respeito imenso entre os três.

O que dizer para Marcia, minha irmã querida, que passamos tantos momentos bons e ruins — mais bons que ruins —, nós superamos. Dizer para ela parabéns, de coração, por tudo o que ela passou, conquistou e está conquistando — porque ela vai muito além disso —; pela pessoa que ela é; pelo trabalho social que ela faz. Dizer que, cada vez mais, eu a amo. Não me canso de falar isso. Mesmo ficando uma parte da vida separadas, somos como irmãs. Eu queria estar mais próxima, mas ela tem uma vida muito conturbada, mas eu vou tentar estar mais próxima dela.

Equede Sueli

Meu nome é Sueli Barreto Romar, sou equede da casa da Mãe Marcia. Estou na casa da Mãe Marcia desde, praticamente, a inauguração. O único toque que eu faltei foi o da inauguração. Ela inaugurou num sábado e eu ingressei na casa em uma segunda-feira. O que mais?

Sou funcionária pública aposentada e sofredora.

Conheci a Mãe Marcia assim: a minha mãe sempre foi macumbeirinha, eu não. Então, a minha mãe sempre procurava umas macumbinhas, e onde a gente morava tinha um iaô da mãe de santo, o Gilberto, ele era o fomo de Oxalá — ele é o fomo da mãe Meire. Ele era nosso vizinho; então, a minha mãe conhecia o fomo de Oxalá e ele a convidou para ir numa festa na casa dele que seria no sábado, dia 29 de outubro de 1988. Minha mãe, como boa macumbeirinha, queria me arrastar para lá, e eu não queria — por coincidência, foi no final de semana que eu tinha passado na prova física do meu segundo concurso público. Então, na época, eu bebia e, claro, enchi a cara de felicidade; minha mãe, como boa mu-

Faria tudo outra vez

157

lher de Iansã, ficou enchendo meu ouvido para que eu fosse na macumba. Para ela parar de encher o meu saco, eu falei que iria, mas minha ideia era não ir. Eu não gostava de macumba, apesar de ser oborizada e de ter o meu santo em casa, porque aos dezoito anos eu tive uma emergência e precisei fazer o bori e meu santo foi assentado.

Eu tinha 24 anos, isso foi em 1988. Aí, domingo, ela combinou comigo e eu falei que iria, marcamos para uma segunda-feira, dia 31 de outubro. Fomos né? Eu já tinha combinado com ela que iria. Entramos no ônibus 774 — na época, eu morava na Praça Dois, ali entre Vigário Geral e Jardim América — e o barracão da Mãe Marcia era em Vaz-Lobo. Na época, eu tinha uma amiga de trabalho que morava em Vista Alegre, e eu tinha idealizado que, quando chegasse em Vista Alegre, eu ia descer e deixar a minha mãe no ônibus [risos]. Tava tudo planejado, entende?

Só que passou de Vista Alegre, passou de Irajá e eu esqueci. Descemos no mesmo ponto, subimos a rua e eu me lembro de reclamar muito. Não que eu não reclame, mas eu não sou de reclamar. Eu reclamava que era no morro, que não queria saber de macumba... e fui subindo, subindo e chegamos na casa, no barracão. A Meire estava de resguardo, a Mãe Meire, porque ela tinha tirado o quelê havia pouco tempo. O Pai Ricardo tinha tomado bori, ele ainda era abiã; tinha uma menina de Oxum, que também tinha tomado bori; e tava o Miguel né, o pai de santo da mãe de santo. Minha mãe foi para o quarto de jogo para jogar, e eu fiquei no salão. Eu me lembro até da roupa que eu estava: eu tava com uma calça jeans bem clara, aquele azul bem claro, uma camisa branca, meu belo cabelão e um tênis. Era jovem, né?

Debruçada na janela, reclamava com meus botões o que eu estava fazendo ali. Para mim, tudo era estranho... eles me ofereciam água e eu não queria; ofereceram café e eu falei que não. Eu não queria nada, eu queria sair dali.

Durante o jogo, minha mãe saiu e falou que no jogo tava dando Omolu, que a mãe de santo havia falado que no jogo caiu que tinha uma pessoa de Omolu na casa da minha mãe que precisava muito de ajuda espiritual, e minha mãe havia falado que era eu. Ela, daquele jeito bem de mãe, mandou que eu entrasse na sala de jogo. Eu, sem graça, muito educada, fui, né. Não tinha alternativa. Aí, entrei no jogo, parei o jogo da minha mãe e começou o meu — só Omolu respondia, só Omolu respondia, só Omolu... e a mãe de santo falou em primeira mão que eu era equede e que Omolu queria mais do que eu podia dar — que eu estava dando, né? Caiu no jogo que ele era assentado, apontando e que eu cuidava da maneira que eu sabia cuidar, mas que ele precisava de mais para poder me ajudar. E o jogo foi fluindo, eu só me lembro dessas duas coisas. Eu falei da minha profissão, que não tinha como eu entrar para a religião por causa da minha profissão — eu era PM, né. Eu tinha passado para o concurso da Polícia Civil e o uniforme era preto, o chapéu era preto, e eu achava que a gente não podia botar preto, principalmente na cabeça. O quepe era preto, mas acho que eu estava procurando justificativa para não entrar. Mas, como o Pai Ricardo diz, acabei caindo no canto da sereia. Eu caí no canto da sereia e perguntei a ela se eu poderia fazer ali com ela, no mesmo dia, na mesa do jogo.

É, o canto da sereia é poderoso. Depois, vem o outro lado da meia-noite, como diz o Pai Ricardo. A gente se encanta pelo canto da sereia e depois conhece o outro lado da meia-noite. Ficou tudo acertado e eu ganhei um bori até poder me confirmar; eu levaria o meu santo até coisa e tal. Saímos da mesa de jogo, estavam sentados o pai de santo dela, o Pai Ricardo, a Mãe Meire e essa menina de Oxum — que eu não lembro o nome, mas daqui a pouco vou lembrar. O marido dela, que era iaô da Mãe Regina, recolheu junto com a Mãe Meire, falecido Beto do Oxóssi, e essa menina de Oxum era mulher dele. A mãe de santo me apresentou para o pai de santo dela como equede, que eu seria equede de Obaluaê. Obviamente, o pai de santo, muito vaidoso, não gostou muito, porque ele não tinha equede — aí é outra coisa. Nesse mesmo dia, foi a primeira consulta da Poeira e ela falou para eu ficar lá para conhecer a pombagira. Para mim, era muita novidade, eu não tinha muita intimidade com nada.

Era a primeira consulta na casa, porque a mãe de santo tinha inaugurado a casa no sábado e eu estava lá em uma segunda-feira. Seria a primeira consulta na casa de Candomblé. A Poeira virou, me chamou — não me lembro do que a Poeira falou para mim, realmente não me lembro, só sei que eu me encantei pela Poeira. Ela me falou um monte de coisas, obvia-

Faria tudo outra vez

159

mente, um monte de verdades, né. Eu não me lembro ao certo do que era, porque aos 24 anos você não tem grandes problemas, ainda mais quando se mora com pai e mãe. Apresar de trabalhar, meus problemas não eram nada, meu dinheiro era para pegar taxi, comprar roupa, beber e festejar. Eu não tinha problemas, morava com meus pais. Eu me lembro de que a Poeira me deu uma boa consulta, excelente consulta, me apaixonei pela Poeira mais que pela mãe de santo. Falei que estava decidida, que ficaria naquela casa. Mãe de santo muito feliz, né. Eu digo para ela que eu sou o presente de Obaluaê para ela, eu fui a primeira pessoa a jogar na casa dela, na primeira segunda-feira da casa aberta, eu sou a primeira equede de Obaluaê, sou o presente de Obaluaê para ela, e ela diz que não.

A bem da verdade, ela que foi um presente de Obaluaê para mim, né. Aí, conversamos e saímos. Descemos a rua — não sei se ela foi me levar no ponto, não me lembro ao certo —, encontramos a mãe da Daniele, a Jussara de Oyá, e ela me apresentou: eu seria a primeira equede de Obaluaê. E daí foi. Minha mãe acabou não ficando na casa. Eu voltei para casa — tinha carro, mas não dirigia — e pedi para que uma prima minha me levar lá em Vaz Lobo para eu levar o meu santo — eu tinha um ibá do Omolu —, mas ela não quis me levar. Eu peguei o santo, botei numa bolsa de feira e peguei o 774. Levei o santo dentro do ônibus, bem abraçadinha assim, para a casa da mãe de santo. Aí, tomei um obi e fui ficando, fui ficando... e tô até hoje. E lá se vão quase 32 anos.

Ela inaugurou o barracão sábado, dia 29, e eu fui para casa dela no dia 31 de outubro. Eu conheci a Poeira no dia das bruxas.

Mudou tudo! Mudou tudo na minha vida de lá para cá. Eu, até os 18, 19 anos, fui criada na Igreja Católica. A minha avó, espanhola, era católica e tal, não era fervorosa, mas me obrigava a ir às missas. Eu ia reclamando, porque ela me acordava no domingo às 6h da manhã para ir à missa. Fui batizada, crismada, fiz primeira comunhão; eu conhecia a Igreja Católica e alguma coisa de Umbanda — porque a minha mãe, como macumbeirinha, frequentava a Umbanda. Eu passava as férias com a minha mãe, e mãe leva o filho para onde for. Eu ia na Umbanda com ela.

Tentei entrar para a Igreja Messiânica, achei muito legal; cheguei a frequentar por um tempo; eu sentia a necessidade de ter uma religião.

Não sei se isso acontece com todo mundo, mas comigo aconteceu: eu senti a necessidade de ter uma religião. Fui oborizada devido a alguns problemas, mas levei o meu santo. Não gostava de macumba, tinha medo de Candomblé. A partir do momento em que eu entrei na casa da mãe de santo, tudo mudou. Tudo mudou na minha vida, porque ela me ensinou o que era o Candomblé e me apresentou aos orixás. Fé, não; fé eu levei comigo, sempre fui uma pessoa de muita fé. Ali, eu peguei amizade com todo mundo e viver ali, naquele espaço, deu outro sentido à minha vida. Eu me apaixonei pelos santos, um de cada vez. Peguei muita amizade com Meire, Pai Ricardo... a mãe de santo, então, é a minha melhor amiga até hoje. Minha melhor amiga, minha confidente, minha guru. A mãe de santo é tudo de bom que existe na minha vida.

Eu me confirmei em Vaz Lobo. Como uma boa pessoa do Omolu, me confirmei na casa velha, né — na casa de madeira, na casa pobre. O primeiro a se confirmar aqui foi um ogã de Xangô, né, de Ayrá, aliás. Depois, veio o Yuri, em 1993, e foi o último grande toque em Vaz Lobo, onde foi a minha confirmação. Nós trouxemos o santo para cá em 1995, mas entre 1993 e 1994, mais ou menos, foi a obra aqui.

A minha relação com a mãe de santo é muito boa. Eu gostei da mãe de santo desde a primeira vez que eu a vi; parecia que eu já a conhecia havia muitos anos, entendeu. E, por alguns motivos, eu passaria a ser equede do pai de santo dela, porque o pai de santo dela, muito vaidoso, não queria que eu fosse equede. Tinha esse negócio de ela não pode ter equede porque o pai de santo dela não tinha equede. Só que Obaluaê não queria abrir mão disso, e nós fomos pegando uma amizade muito grande. Eu sempre confiei muito na mãe de santo; parece que nós conhecemos de outras vidas, não sei explicar. Ela sempre me mostrou — mesmo ela sendo muito jovem — uma segurança muito forte no que diz respeito às coisas de santo, mesmo quando ela não sabia — no início, ela realmente não sabia.

Quando o Pai Ricardo recolheu, tudo ficou muito difícil para a gente, porque eu não entendia nada de macumba, absolutamente nada de Candomblé; eu era a equede que estava ali para ajudar, né. O Pai Ricardo foi recolhido com a dofonitinha de Oyá, que é a Jussara, irmã do falecido Pai Nelson, e ficou recolhido por mais de um mês. Ninguém sabia nada, e ela

Faria tudo outra vez

contou com a ajuda de alguns amigos dela, pais de santo... e vambora, vamos comprar. Vamos lá, a gente faz! A mãe de santo sempre me ensinou que o santo sempre sabe o faz, por que tá certo. Uma vez, eu questionei a mãe de santo se eu era "equede-EQUEDE", né, porque eu sabia que era equede mais ou menos, mas ela explicou. Eu questionei se eu era realmente equede e se havia a possibilidade de o santo ter errado ao ter me dado o cargo. Ela falou que nunca, que o santo nunca erra e que um dia eu saberia que era verdade. Hoje, eu tenho certeza.

Era tudo muito novo para mim. Eu não entendia de Candomblé; eu achava que era assim, apesar de eu ser uma pessoa responsável dentro da religião. Eu via que era muita responsabilidade para alguém que não sabia nada, entendeu? Eu não tinha a sabedoria, porque eu era muito jovem. Com o tempo, eu ia aprendendo. Errei? Errei, não errei muito, não, mas já tomei umas baixas dela né. Ela sempre me ensinou a botar o santo em primeiro lugar, e hoje eu sei que o santo não errou. Eu nasci para se equede, e dizem até que eu sou uma boa equede. Eu sou uma boa equede. Eu não nasci uma boa equede, eu me tornei uma boa equede. Isso é mérito da mãe de santo, ela que me fez uma boa equede, ela que me fez ter fé. Fé não, fé eu já tinha, mas o respeito, o amor. Hoje, eu amo orixá. Às vezes, a gente passar por umas coisas, passa umas coisas na nossa cabeça, mas em nenhuma das crises que eu tive, em momento algum, passou pela minha cabeça largar o santo.

Eu sempre falei para mãe de santo que ela era duas pessoas: a Marcia, minha amiga, e a mãe de santo. E a mãe de santo era mais fácil que a Marcia. Hoje em dia, eu só vejo a mãe de santo, mas no início havia essa divisão, até por sermos muito jovens. Eu sempre falei que a mãe de santo, como mãe de santo, era melhor que a Marcia. A mãe de santo é mais ouvinte, é mais paciente, é mais sábia; como Marcia, não, ela é ser humana, né. Como mãe de santo é diferente, quem me ensinou isso foi a mãe de santo, não foi a Marcia. Se tivesse sido a Marcia, ela já teria dado dois tapas na minha cara [risos]. Entendeu? O processo foi fácil. Foi fácil porque eu vi que, a partir daquele momento, eu vivia para o orixá. Tudo em que eu pensava era no orixá, era na casa de santo que eu queria fazer. Quando a mãe de santo tinha que tomar obrigação às pressas, eu queria dar as coisas para Obaluaê, para meu Pai Omolu. Passei a amar; então, o processo de entender que eu era equede foi rápido. Não foi doloroso, não, foi bem fácil.

São pessoas diferentes, de culturas diferentes, e a mãe de santo é muito sábia. Ela não teve isso tudo assim. Você vê que a gente vai fazer 32 anos de casa. É como diz o Pai Claudio, a gente se conhece há tanto tempo que virou parente. A minha amizade com o Pai Ricardo e com a Meire continua a mesma, se eles tiverem de brigar comigo, eles vão brigar não de pai-pequeno para equede, mas de Ricardo para Sueli, porque somos amigos. E a mãe de santo mantém isso. Para você ver, a gente parece até criança, conhece a mãe de santo pelo olhar. As pessoas que estão chegando, as pessoas que conseguem se adaptar ao nosso meio, entram no ritmo. Quem não consegue se inserir no grupo sai. O respeito ainda é o mesmo. Os ogãs, vamos dizer assim — vamos ser bem machistas —, são os homens responsáveis, e eles abaixam a cabeça para a mãe de santo. Só que a gente tem no barracão muitas mulheres responsáveis quando precisa tomar uma atitude, mesmo que seja para botar a mão na massa. Você vê meia dúzia de homens fazendo algo e três dúzias de mulheres botando a mão na massa. Você vê uma casa, realmente, comanda por mulheres; você vê uma casa comandada por uma mulher de fibra, uma mulher forte; e as outras mulheres seguem o exemplo dela. A gente não espera o homem fazer. Hoje em dia, tem muita coisa que eu não consigo fazer — tipo carregar peso, colocar uma telha, isso, fisicamente, não dá mais para mim por conta da idade —, enquanto dava, eu, Meire, Imbica, a gente sempre botava a mão na massa. Tem pessoas que não conseguiram se inserir na casa e saíram, não seguiram o ritmo da mãe de santo, mas isso é mérito da mãe de santo.

A mãe de santo mudou no que se refere às dificuldades; ela sempre foi guerreira, sempre foi de correr atrás; só que, por ela ser muito nova quando inaugurou casa, ela ainda se prendia muito ao que os outros falavam. Ela sofria muito com a opinião alheia, mas depois de tantas coisas, ela foi se fortalecendo, ela se acostumou com a traição, ela se acostumou com... não é se acostumar. Ela sabe lidar bem com a ingratidão, ela sabe lidar bem com a traição, e ela tirou proveito. As traições e as ingratidões

Faria tudo outra vez

que sofreu — e vem sofrendo — ao longo desses anos, ela transformou em força, uma força interior dela. Ela é uma mulher muito centrada que não mais se deixa abater por essas pessoas, pelos atos dessas pessoas; essas coisas todas fizeram a mãe de santo se fortalecer. Isso, com certeza, foi orixá que fez com que ela se tornasse uma mulher forte. Ela não deixa de fazer porque fulano vai lá; ela tá ali, no mundo dela, dentro da nossa casa de santo, e ela tira proveito disso tudo. Ela se fortalece, ela consegue — como vou dizer —, ela tira proveito de tudo o que é ruim. Ela tira um sumo bom das coisas ruins, né. É o fortalecimento dela.

A mãe de santo costuma dizer ela é muito observadora, né. Ela conhece as pessoas a fundo. Ela é muito falante, então, enquanto ela conversa com as pessoas, ela vai fazendo uma análise delas. Às vezes — ela já falou isso muitas vezes —, existem pessoas que entraram na nossa casa, ou estão na nossa casa, que não são para ficar; mas ela é zeladora, ela tá ali para zelar pelo orixá — se o orixá foi até a casa dela para ela fazer, ela faz. O compromisso dela é com o orixá, não com a pessoa. Entendeu? Então, ela mira muito, ela vê muito o orixá, se a pessoa tá ali e o orixá tá pedindo para ser feito lá em casa, ela vai fazer, mesmo sabendo que aquela pessoa não vai ficar, mas o orixá vai ficar. Ainda que a pessoa leve, o orixá tá ali, tá ali vivo. Entendeu? Por isso, eu acho que esse é um dos motivos do crescimento da mãe de santo — tudo o que ela faz é pelo e para o orixá. Todo ser humano é falho — eu sou, você é e ela, como ser humano, também é. Por isso, ela se tornou essa pessoa assim.

Teve um aniversário da mãe de santo em que eu, apesar de tímida, me propus a falar — não sei por que, nem estava bêbada, porque eu não bebo, né. Eu disse que eu vivo dentro da casa de santo, dediquei mais da metade da minha vida para orixá, para a casa de santo. Para mim, a mãe de santo é um marco na minha vida, uma mudança de vida, um renascimento mesmo. Existe a minha fase antes de eu entrar no Candomblé e pós-Candomblé. Eu ainda não me tornei uma pessoa melhor, estou tentando; juro que estou tentando me tornar uma pessoa melhor, mas essa pandemia tá impedindo. Pessoas estão impedindo que eu melhore como ser humano [risos]. Estão impedindo, estão travando, mas eu tento evoluir, porque tenho um exemplo dentro do barracão. Dentro do barracão, qualquer coisa que eu venha a fazer, eu falo primeiro com ela, pergunto se é assim que ela quer. A mãe de santo é tudo para mim. Eu vivo mais com a mãe de santo do que com a minha família. A mãe de santo me deu o prazer de trazer a minha família para dentro da minha família religiosa. Eu sou irmã do meu irmão duas vezes, e é uma benção ser irmã dele duas vezes. Graças a ela! Ela socorre a minha família, ela me deu uma nova família. A mãe de santo é muito importante para mim, muito, muito, ela tá em um patamar que eu não sei explicar.

Na nossa religião, a gente fala que não existe coincidência. A mãe de santo fala muito isso, e eu também: na nossa religião não existe coincidência. Uma curiosidade, como eu falei no início quando eu conheci a mãe de santo foi assim com a cara dela assim de primeira, depois cai dentro. E a mãe de santo não é uma pessoa assim, à primeira vista, muito simpática — eu sou antipática, ela não. Ela não é muito simpática à primeira vista, se você, não sei, se assusta pelo tamanho, pela cara séria que ela tem, mas depois que ela começa a falar, a gente vê que é uma pessoa extremamente simpática. Eu fui com a cara da mãe de santo, e depois a gente foi vendo umas curiosidades: era para a gente ter se conhecido havia muito anos. Apesar de eu ter sido criada pela minha avó no bairro do Catumbi — meio Catumbi, meio Santa Tereza —, minha mãe morou em todos os lugares que a mãe de santo morou: a mamãe morou em Colégio — eu acho que cheguei a morar em Colégio quando era muito pequena. Minha avó foi me pegar para criar eu tinha uns dois anos, então, nessa época, a gente morava em Colégio — eu lembro da casa, mas eu era muito pequena. Então, a mãe de santo morou em Colégio, eu morei em Colégio. Mãe de santo morou em Vilar dos Teles, minha mãe morou em Vilar do Teles. Eu passava as férias com a minha mãe. A mãe de santo morou em Nova Iguaçu, minha mãe morou em Nova Iguaçu. Na adolescência, frequentávamos os mesmos lugares, se não me engano, a Praça do Skate em Nova Iguaçu. Nós frequentávamos os mesmos lugares. Quando comecei a trabalhar, trabalhei com o pai do Yuri, na mesma profissão; conhecia o pai do Yuri e ele namorava a mãe de santo. Tirei a minha habilitação na mesma autoescola que a mãe de santo trabalhava, tirei com o chefe de equipe dela. A gente só não conseguia se esbarrar, orixá botou tudo ali. A gente só

Faria tudo outra vez

não conseguia se esbarrar. Entendeu? Essas são curiosidades muito interessantes para mim, que tudo fazia para que a gente se conhecesse, só que a gente não se conhecia. Então, Obaluaê, Omolu, falou "Agora deixa, vou levar ela na casa de santo. Vou abrir esse terreiro e vou levar ela na casa de santo, ela tem de conhecer".

Outra curiosidade da mãe de santo, que só quem a conhece muito sabe, é que ela tem uma particularidade: um olhar. Tem como identificar os sentimentos da mãe de santo pelo olhar dela; a gente sabe quando a mãe de santo tá feliz pelo olhar; sabe quando a mãe de santo está preocupada pelo olhar — ela é muito transparente nesse sentido. Só quem conhece a mãe de santo mesmo sabe que ela demonstra um monte de coisas pelo olhar. Às vezes, você vê alguém conversando com ela e ela fica com um olhar... você vê que ela não tá pensando em nada. Ela tá deixando apenas a pessoa falar. Outras, não, ela tá lendo a alma da criatura. Uma curiosidade da mãe de santo, eu acho, é essa: apesar de ela se mostrar uma pessoa firme — porque a mãe de santo tem uma personalidade muito marcante —, ela se denuncia pelo olhar. Ela não consegue maquiar o olhar dela, como uma boa pessoa do Omolu, né. É através do olhar que a gente se mostra, né?

Ela diz que o meu Omolu precisa de mais treino. Ela diz que eu tenho os defeitos das pessoas de Omolu e os defeitos das pessoas de Iemanjá — como eu sou regida por Iemanjá, eu trago os dois defeitos —, mas a gente se dá muito bem, a gente se conhece muito bem. A mãe de santo conhece cada filho de santo que ela tem na casa. Às vezes, ela conhece mais o filho mais que ele próprio. Ela conhece a gente... assim, sei lá... parece que ela vê a nossa alma, o nosso coração. Por isso, a gente fala as coisas para ela, se entrega. Acho que é por isso.

Desde o início, a mãe de santo e os filhos de santo têm de ter uma amizade, uma cumplicidade. Nós precisamos ser cúmplices dos nossos pais de santo, das nossas mães de santo. Eu tenho amizade com a Marcia Marçal e tenho verdadeiro amor, gratidão, um sentimento inexplicável pela Mãe Marcia. Ela me ensinou tudo de bom na vida, ela é minha orientadora. Se eu tenho dúvidas sobre alguma coisa, é ela que eu procuro; quem me dá ajuda é a mãe de santo. As palavras da mãe de santo têm a validade, têm o peso de um jogo de búzios. Eu acho que ela, como disse o Yuri, parece que é diretamente ligada ao orixá. Exatamente, eu acho que orixá usa as palavras dela, usa a boca dela para mandar o recado. Quando eu pergunto a ela o que ela tá me falando, eu sei que é um recado de orixá para mim. É assim que eu vejo, por isso que tudo, qualquer atitude, qualquer decisão que eu tenha de tomar, é a ela que eu recorro. É mais fácil eu pedir a opinião dela do que eu pedir para ela jogar búzios; ou até uma consulta com a Poeira, que é mais difícil.

Então, o que a mãe de santo representa para mim? A mãe de santo representa tudo para mim, porque ela me deu o filho único para eu ser a madrinha de consagração, e ela me deu o filho dela para eu ser a mãe-pequena. Então, essa é a maior prova de amizade que poderia me dar. Eu tenho um amor incrível pelo Yuri; eu falei para ele que, se eu tivesse um filho, gostaria que fosse ele. Apesar de a gente brigar à beça, ela me deu o Yuri; e eu tenho um grande amor que é o Yuri. A maior prova de amizade é essa — por amor, por competência. Então, a mãe de santo, para mim, representa tudo.

O Pai Dito, uma vez, falou que — Deus me livre e guarde —, se acontecesse alguma coisa com a mãe de santo, muitas pessoas da casa procu-

Mãe Marcia Marçal com seu zelador de santo, Pai Dito Omorodessi (Benedito)
Foto: acervo pessoal

rariam outras casas de santo. Eu me incluiria nisso, nunca abandonaria orixá, mas casa de santo, para mim, é a minha casa de santo, é a minha roça, porque eu ajudei a construir cada pedacinho. Se eu me tornei uma equede, e as pessoas dizem que sou uma boa equede; se eu sou reconhecida pelos orixás, é graças a ela; se eu sou amada pelos orixás, é graças a ela; se eu me tornei uma pessoa da minha profissão que saiu com vida da minha profissão, sem nenhum problema, é graças a ela também. Ela só foi modulando um pouco a minha vida. Hoje, eu tenho 56 anos de idade e 32 de barracão. Olha quanto tempo! Eu vivo mais para o orixá, mais com a mãe de santo, que a minha vida particular. Então, se hoje eu sou o que sou, eu agradeço a ela. Sem ela, eu não seria o que sou.

A roça faz parte da minha vida, faz parte da minha história. Se tirar a roça de mim, acabou a minha história. A equede Sueli existe porque eu sou da casa da Mãe Marcia, e não faria sentido se não fosse na casa da Mãe Marcia. Entre outras coisas, essa coisa de família: eu não conheço outras casas, mas eu vejo essa coisa de família em outras casas. Como diz o Pai Cláudio, já convivemos tanto tempo que viramos família; isso é verdade. Se um tá doente, o outro vai para a casa dele. Eu sou comadre da equede Márcia, que é comadre de outra, que é comadre de não sei quem... todo mundo é madrinha ou padrinho na casa de santo. A gente passa o Natal na casa de um, o aniversário na casa de outro... está sempre ali, é parente. A gente se preocupa e a gente briga, como toda família, como todo parente, como todo irmão, mas, na hora do sufoco, estamos ali para ajudar, para defender. E é família mesmo, são meus irmãos de santo; se eu tiver de brigar, eu vou brigar, mas se um deles estiver precisando, vambora atrás ajudar. Para mim, isso é família, e assim a gente faz na nossa família espiritual. O Pai Ricardo, com aquele jeitinho dele, eu brigo com ele e ele briga comigo. Imbica tem aquele jeito moleque dela, mas se eu tiver de brigar com a Imbica, eu vou brigar. E, por incrível que pareça, ela me respeita como equede, entendeu? [risos]. Ela fala: "Então, tá bom equede Sueli. Sai, sai ,sai [risos]". Ela entende que é tudo pro bem. A gente briga pelo bem, um com o outro, e isso é ímpar.

Eu trabalhei por 34 anos na minha profissão, consegui alguns amigos; e 32 anos no barracão. Eu não tenho irmãos — quem trabalha sabe como

Mãe Marcia Marçal

funciona, a gente vê mais o pessoal do trabalho que a nossa família — e consegui dois ou três amigos verdadeiros. Na religião, eu consegui irmãos, e isso é graças à mãe de santo. Uma vez eu falei para um irmão de santo da mãe de santo que ela é uma mulher abençoada, pois ela tem na casa dela filhos de santo que gostam de orixá, filhos de santo que gostam da mãe de santo e filhos de santo que gostam da casa de santo. A gente gosta de ser filho de santo dela, a gente gosta dela e a gente gosta da nossa casa de santo. Ela conseguiu isso tudo dentro da casa dela de Candomblé. Por isso têm tantos fiéis na nossa casa, isso é mérito dela. Ela tem o mérito de ainda ter a primeira iaô dela dentro da casa, que é a Mãe Meire.

A gente gosta da mãe de santo, a gente gosta de orixá e a gente gosta da nossa casa de santo. Se fosse "não, eu vou fazer pelo meu orixá", "não, eu vou fazer pela mãe de santo", "não, eu vou fazer pela casa de santo", mas a gente tá fazendo pelos três. Ela é, realmente, uma pessoa abençoada, escolhida pelos deuses para estar em nossas vidas. Quando eu brinco com ela dizendo que eu sou um presente de Obaluaê, sou nada; ela que é o presente de Omolu para mim. Ela que foi um presente.

Só quem é da casa entende esse amor que a gente tem pela mãe de santo. Só quem entende são os filhos; a gente não vai encontrar palavras para expressar. O que a gente sente por ela é 100%. A gente nem precisa de palavras para entender o que o outro está dizendo. Por que é diferente? É diferente. A nossa casa de santo não é perfeita — nenhum lugar é —, mas, para mim, é muito, mesmo com todos as brigas. Eu não brigo com ninguém, eu dou uns gritos lá — eu até melhorei bastante [risos]. Tipo: a equede Márcia é uma vacilona, e quando ela faz alguma coisa errada, ela foge de mim. Porque eu sou a mãe-pequena da equede Márcia e nem levo isso em conta. Eu falo: "Você fez alguma merda, equede Márcia? Tá igual criança... tá fugindo de mim". Mas a gente vai brigar, eu vou ralhar com a equede Márcia e nada vai abalar o amor, nada vai abalar a admiração.

Se eu tiver em algum lugar, eu sinto orgulho de apresentar a Mãe Marcia. Tipo assim, não pejorativamente falando, mas a minha mãe de santo, para mim, é um troféu, é uma referência. Ela é uma mulher que tem postura, uma mulher que tem capacidade; me dá orgulho. Eu sin-

Faria tudo outra vez

Ogãs do *Ilé Àṣẹ Olúwàiyé Ni Ọya* no terreno onde o barracão foi erguido
Foto: acervo pessoal

to uma admiração muito grande pela mãe de santo, como pessoa, como pessoa de fé. A mãe de santo transmite a serenidade dela. De serena, ela não tem nada, quem conhece o outro lado da meia-noite sabe. Mas... Eu já conheci o outro lado da meia-noite, mas, se você continua, é porque o amor é verdadeiro. Pai Ricardo é que sabe.

Mãe Meire

Meu nome é Meire Quirino do Nascimento e pertenço ao barracão da Mãe Marcia Marçal. Estou com ela vai fazer 32 anos, e a minha função é a de iá-quequerê da casa. No início, foi muito difícil, porque, na época, a Mãe Marcia não tinha barracão e nem dinheiro; e foi muito difícil porque ela foi obrigada a recolher um barco, mas não tinha condições. Eu entrei nesse barco por último, me sentia mal e tive de recolher; ela já estava com os outros irmãos recolhidos. Mãe Oxum não quis esperar e tive de recolher às pressas.

Tivemos de recolher numa casa lá em Santa Cruz, a casa da Mãe Regina, porque foi muito rápido e a Mãe Marcia não tinha uma casa. Como ela era amiga da Mãe Regina, a Mãe Regina emprestou o barracão para ela — inclusive, ela estava lá, passando o aniversário, quando tudo começou acontecer. Eu fui a primeira de tudo, porque fui a primeira a passar pelo obi, mesmo não querendo ser iniciada. Fazer santo? De jeito nenhum, eu não queria, nunca pensei nisso. Nesse período, apareceu o menino de Oxalá e ela deu obi numa menina de Ogum. Certo dia, era aniversário dela, estávamos lá no aniversário, curtindo, e esse menino passou mal para o santo. Uma amiga o pegou, mas ele ficou em transe por algumas horas. Aí, ela não teve opção: ela teve de recolher ele... nisso, todo mundo foi passando mal: a menina do Ogum, eu e o rapaz de Oxalá.

Do início ao fim, eu dizia que não queria ficar. Só falava isso, que não ia ficar. Eu tinha pavor, eu tinha medo, medo do Candomblé. Aí, eu fiquei, fiquei... Só que eu fui com a roupa do corpo, não tinha ibá, não tinha nada. Eu me lembro de um irmão, o Márcio de Xangô, que tinha dado um obi comigo lá em Nova Iguaçu. Ele tinha comprado tudo para raspar o santo, mas desistiu; aí, ele ficou sabendo que eu tinha bolado e falou assim: "Fala pra Meire que vou dar tudo o que tenho para ela." Só que muita coisa não dava para aproveitar, porque eu era de Oxum; aí começou a correria. Tivemos de passar lista, preparar os fios de contas, comprar os ibás. Eu tive, praticamente, um mês para juntar tudo, com todas as dificuldades daquela época.

Até o dia da saída foi muito difícil. Quando, por fim, eu fui para casa, foi mais uma luta: minha mãe não aceitava a minha religião e eu não podia ficar na casa dela de quelê no preceito pós-iniciação.

Durante o recolhimento, também tivemos um caso que não consigo esquecer: a mãe da menina do Ogum foi lá no terreiro para tirar ela lá de dentro do axé. Fez um escândalo lá na porta do barracão. Queria entrar ou, caso contrário, ia levar a polícia. Queria levar a filha dela de qualquer jeito.

Mesmo com tudo isso, raspamos, teve a saída e foi muito bonita. Oxum arrasou! A única iabá do barco, minha deusa! Aprendi a amá-la com os ensinamentos da Mãe Marcia.

Faria tudo outra vez

Como a minha família não me aceitava na religião, a mãe de santo me levou para a casa dela — eu e a menina do Ogum. Ficamos na casa da mãe de santo, desempregadas, e a mãe de santo ganhando uma pensão que não chegava nem a 1 salário-mínimo. A mãe da mãe de santo trabalhava numa pensão, e ela nos ajudava também. Nós ficamos lá três meses, comendo e bebendo às custas delas. Tinha dias, na época, que a gente tomava mate — eu me lembro de que lá tinha um pé de erva-cidreira — e, quando não tinha dinheiro, a gente catava erva-cidreira e fazia chá. As pessoas ajudavam também; a minha família, às vezes, passava e deixava alguma coisa para mim; mas ninguém da minha família queria me ver, porque eu era "do diabo" — eram todos cristãos, e era dessa forma que eles me viam. Minhas irmãs me viam e se escondiam; falavam que só conversariam comigo depois que eu tirasse aquilo tudo; inclusive, que eu só poderia voltar para casa depois que tirasse as guias e as amarras do corpo. A queda do quelê foi inesquecível: a mãe de santo tinha um fusquinha da autoescola, e nós subimos nesse fusquinha para tirar o quelê.

Essas histórias são muito boas, porque me fazem pensar o quanto valeu a pena passar por tudo isso. Hoje, posso dizer que a respeito muito. Eu acho que ela se tornou um mito dentro do Candomblé. Todos têm muito respeito por ela. Lá em Vaz Lobo, as pessoas não acreditavam muito que a Mãe Marcia fosse chegar aonde chegou. As pessoas iam para o nosso barracão e debochavam da gente, porque a casa era feia. Como era muito pequena, as pessoas não acreditavam nela. Então, hoje em dia, muita gente que não acreditou na Mãe Marcia deve estar morrendo de inveja ou arrependida por não ter acreditado nela como mãe de santo.

Muito tempo passou. Hoje, tenho muito respeito por ela. Acho que os filhos que estão chegando agora devem dar muito valor, porque temos história e sofremos muito para conseguirmos o que conseguimos.

Eu recebi o cargo de mãe-pequena na mesa de bori; eu nem sabia o que significava aquilo. Só me falaram assim: "Oh, a Meire foi suspensa como a mãe-pequena da casa." Dali em diante, muita coisa mudou, ainda mais dentro do barracão; ganhei mais responsabilidade e me sentia — e me sinto — na obrigação de ajudar os filhos que estão chegando.

Eu não costumo falar que amo alguém, nem para ela. Mesmo amando, para mim, é difícil falar. É muito difícil, para mim, chegar e falar, mas eu amo muito aquela senhora. Muito! Penso nela todos os dias. Ela é uma pessoa muito boa, muito boa de coração. Rígida demais em algumas horas. Tem hora que eu acho que a Mãe Marcia pega pesado, mas é para o bem de todos, porque quem ama cuida. E que ela continue assim. Ela merece tudo o que ela conquistou até hoje. A trajetória dela não foi fácil, não foi nada fácil. Eu amo demais a minha mãe!

Equede Flávia

Meu nome é Flávia Carvalho, sou do *Ilé Àṣẹ Olúwàiyé Ni Ọya*, equede de Mãe Marcia Marçal. Sou sobrinha dela, filha do irmão dela.

Mãe Marcia e minha avó me contaram que a minha mãe me entregou para ela. Ela era muito jovem e eu tinha, provavelmente, uns seis, sete meses, não sei de fato. Ela morava — acho — em Nova Iguaçu. Ela conta que estavam ela e o finado pai Ti, então, minha mãe me entregou para ela. Ela, muito jovem, não sabia o que fazer; segurou a criança ali e me levou para a casa da minha avó para saber o que fazer. Ela devia ter uns dezessete, dezoito anos, por aí... dezenove. Deveria ter nessa faixa quando a minha mãe me entregou para ela.

Ali eu fiquei, me criei e cresci com ela dando suporte. Ela trabalhava, então, o que eu precisava — um short, uma bermuda, uma alimentação — ela me dava; ela sempre esteve muito presente na minha vida. Então, ela foi — e é — como uma mãe de verdade para mim. Depois da minha avó, ela é a minha segunda mãe. Eu passava a maior parte do tempo com a minha avó, mas ela sempre dando suporte, educação, me reprendendo quando eu estava errada.

Fui iniciada aos dezesseis anos pela Mãe Marcia. Eu a acompanho desde que ela abriu o barracão em Vaz Lobo — um barraco em Vaz Lobo, uma casa toda de madeira. Eu cheguei a frequentar lá — nem era feita no santo ainda —, mas fui me iniciar só em Campo Grande.

Então, a gente ajeitava aqui e ali para a coisa ficar com aspecto de Candomblé, para ficar com aquele aspecto de barracão, entende, porque, ali, realmente, tinha estrutura nenhuma para ser um barracão. Mas ela meteu a garra dela, fez o que Obaluaê quis e muita gente foi feita ali, hein. Muita gente se iniciou ali.

Tinha, muita gente. Foi aparecendo gente. O primeiro ogã dela, ela confirmou lá. O primeiro ogã de Obaluaê foi feito naquela casa; falecido Pai Nelson foi feito lá. A equede Sueli foi feita lá. Meire tomou a obrigação de três anos lá. Ricardo foi feito lá, Beth foi feita lá, muita gente se iniciou lá.

Tenho muitas lembranças boas. As bandeirinhas estavam lá desde sempre e, até hoje, as colocamos no terreiro. Era muito aconchegante, era muito acolhedor, mesmo sendo um lugar feio. Minha vida toda, até hoje, foi dentro da casa de santo.

As festas de erê eram as melhores que tinham. Fechávamos a rua, porque eram as melhores festas. Ela dava aqueles brinquedos bons para as crianças, e a gente gostava muito. Qualquer festa, a rua lotava, porque o barracão era muito pequeno; as pessoas acabavam ficando na rua porque não dava para receber todo mundo.

Quando eu descobri que tinha que fazer o santo, eu já gostava, eu já estava no barracão. Já tinha tomado um obi. Eu já tinha dado uma comida à cabeça e comecei a botar roupa — até então, eu não sabia que era equede, nem sabia disso. Ela botava uma baiana em mim — ficava bonita com aquelas gomas —, mas não era nada; era só para me tirar da rua enquanto tava o Candomblé; para eu não ficar zanzando. Ali na roda, ela ficava me vigiando. Então, eu tinha de ficar na roda e, antigamente, a macumba era a noite toda, começava às 23h da noite e ia até as 6h da manhã. Aí, eu ficava ali na roda e, quando me dava sono, eu ia dormir.

Mudamos para a Carobinha — me lembro até hoje dessa mudança. Uma chuva, uma chuva, uma chuva... a rua do barracão era só lama. Todo mundo com os seus santos na cabeça; os santos virados no meio da lama; a gente ajudando os santos a carregar os ibás e carregando aqueles porrões na lama. Mesmo assim, todo mundo tava feliz. A mudança de casa, de ares... era muita chuva, era muita água naquele dia.

Primeira festa de Erê no barracão em Vaz Lobo
Foto: acervo pessoal

Todo mundo acompanhou a Mãe Marcia de Vaz Lobo para a Carobinha. Os antigos estão lá até hoje. Os antigos dela estão lá até hoje: Mãe Meire, Ricardo, Beth, minha tia Imbica; tá todo mundo lá até hoje. A equede Márcia também.

Ela era muito jovem e os pais de santo da área achavam que ela não tinha capacidade para aquilo. Achavam que não ia durar nem um ano. Por ela ser muito nova, muita gente desdenhou, muita gente mesmo.

Eu acho que uma história marcante foi a perda da mãe, da minha avó. A Marcia ficou muito mal, a ponto de chorar dia e noite. Ela tinha um amor muito especial de filha. Ela nunca esperava perder a mãe do jeito que foi.

Eu queria dizer para ela que tudo que ela passou é um exemplo de superação. Desejo muito anos de vida e que ela seja eternamente feliz. Hoje, posso dizer que ela é minha mãe e sei que posso contar com ela para tudo nessa vida. Ela é muito importante para mim.

Memórias em fotos

Acima e abaixo: Mãe Marcia Marçal durante seu período como iaô
Foto: acervo pessoal

À direita: Mãe Marcia Marçal em festa de Candomblé
Foto: acervo pessoal

Primeiro barracão de
Mãe Marcia Marçal, em Vaz Lobo
Foto: acervo pessoal

Primeira festa de erê no barracão em Vaz Lobo
Foto: acervo pessoal

Acima: Primeiros filhos de santo de Mãe Marcia Marçal
Foto: acervo pessoal

À direita e abaixo: Dona Poeira, pombagira de Mãe Marcia Marçal
Foto: acervo pessoal

Praça Omorodessi no *Ilé Àṣẹ Olúwàiyé Ni Ọya*
Foto: Marcelo Moreno

ILÉ ÀṢẸ ỌLÙWÁIYÈ NÍ ỌYA
ỌMỌ ÀṢẸ ÌYÁ NASÒ ỌKÀ

**TERREIRO DE CANDOMBLÉ
FUNDADO EM 29 DE OUTUBRO DE 1988
MATRIARCA
ÌYÁLÓRÌṢÀ MARCIA DE ỌBALÙWÁIYÈ**

Acima: Placa do *Ilé Àṣẹ Olúwàiyé Ni Ọya*
Foto: acervo pessoal

Abaixo: O *Ilé Àṣẹ Olúwàiyé Ni Ọya*
Foto: Marcelo Moreno

Mãe Marcia Marçal no _Ilé Àṣẹ Olúwàiyé Ni Ọya_
Foto: Marcelo Moreno

Acima: Mãe Marcia Marçal amamentando o filho, Yuri

Abaixo: Dona Geni no aniverário de sete anos de Yuri

À direita: Ícaro, neto de Mãe Marcia Marçal • Mãe Marcia Marçal com seu zelador de santo, Pai Dito Omorodessi (Benedito) • Yuri, filho, Yuna, neta, e Ícaro, neto de Mãe Marcia Marçal • Mãe Marcia Marçal, em 2019, na Itália • Mãe Marcia Marçal e Yuri Marçal no Copacabana Palace, em 2019, durante a cerimônia de entrega do prêmio Sim à Igualdade Racial

Fotos: acervo pessoal

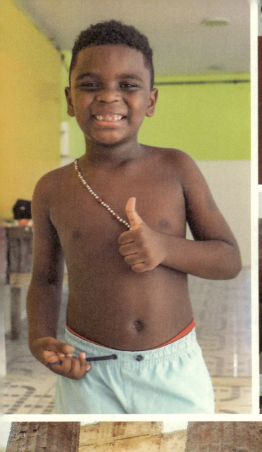

Mãe Marcia Marçal no Vivo Rio, em 2019, no fim da apresentação de Yuri Marçal
Foto: Thiago Jesus